Gunnar Schmidt
Ästhetik des Fadens

Gunnar Schmidt (PD Dr.) ist Medienwissenschaftler. Seine Forschungsschwerpunkte sind medienästhetische Phänomene in Kunst, Wissenschaft und Trivialkultur. Er lehrte bisher an den Universitäten Hamburg, Dortmund und Siegen.

Gunnar Schmidt

Ästhetik des Fadens. Zur Medialisierung eines Materials in der Avantgardekunst

[transcript]

Bibliografische Information der Deutschen Bibliothek
Die Deutsche Bibliothek verzeichnet diese Publikation in der Deutschen Nationalbibliografie; detaillierte bibliografische Daten sind im Internet über http://dnb.ddb.de abrufbar.

Umschlaggestaltung: Kordula Röckenhaus, Bielefeld
Umschlagabbildung: © Eva Hesse: »Metronomic Irregularity«, 1966.
In: Eva Hesse, Katalog Museum Wiesbaden, Wiesbaden 2002.
Lektorat & Satz: Gunnar Schmidt
Druck: Majuskel Medienproduktion GmbH, Wetzlar
ISBN 978-3-89942-800-1

Gedruckt auf alterungsbeständigem Papier mit chlorfrei gebleichtem Zellstoff.

Besuchen Sie uns im Internet:
http://www.transcript-verlag.de

Bitte fordern Sie unser Gesamtverzeichnis und andere Broschüren an unter:
info@transcript-verlag.de

Inhalt

Vorwort

Glaubt man der Sprache, so ist der Faden das Mittel für Verbindungen und Zusammenhänge: Ist der Faden einmal verloren, kann er wieder aufgenommen werden; was am seidenen Faden hängt, ist kostbar und braucht weitere Sicherung; und wer alle Fäden in der Hand hat, kann auch effektvoll an ihnen ziehen. Der rote Faden wiederum sorgt dafür, dass der Sinn nicht verloren geht. Reißt hingegen der Geduldsfaden, ist eine Verbindung gekappt. Wer es jedoch versteht, jemanden zu umgarnen, hat eine Verbindung *geknüpft*. So auch der, der etwas einzufädeln versteht: Er schafft Beziehungen, Verknüpfungen, Netzwerke. Noch in der beleidigenden Bezeichnung eines Menschen als Spinner schwingt die Bewunderung für die Kreativität des Zusammenbringens. In diesem semantischen Feld gewinnt das Wort *Bindfaden* den Wert einer sprachlichen Apotheose, in der das Zusammenschnüren beinahe begrifflich wird: mit dem Faden binden, verbinden.

Aber die Sprache mit ihrem metaphorischen Drängen eilt voraus. Die Sache selbst ist anzuschauen, noch bevor sie Sinn macht.

Ein eigenwilliger Status ist den Fäden und Schnüren eigen, ein Status der Undeutlichkeit und Zwischenhaftigkeit: Einerseits sind sie Produkte, von Händen oder Maschinen Gemachtes, die der Welt der Zweckmäßigkeit zugedacht sind. Längst nicht mehr Rohstoff oder Rohmaterial ist der Faden ein *raffiniertes* Ding im Doppelsinn des Wortes: verfeinert und voller List, was seine Möglichkeiten betrifft. So sehr er Form ist, so sehr ist er auf der Höhe letztlicher Bestimmung noch nicht angekommen. Denn es gilt die Frage: Wozu dient ein Faden? Eine einfache Antwort gibt es nicht. Andere Sachen werden mit einem klaren Auftrag versehen: Eine Wand schützt, ein Rad soll sich drehen, eine Jacke wärmen, ein Stuhl stützen. Der Faden hingegen ist ein Ding im Wartezustand, er muss erst auf den Weg einer Bestimmung gebracht werden. Er ist, in Abwandlung eines musilschen Konzepts, ein Ding ohne Eigenschaften. Diese Eigenschaftslosigkeit ist seine Tugend; der Faden ist offen für unterschiedliche Gebrauchsweisen, die Ausdruck einer ganzen Reihe von Wünschen und Bedürfnissen sind:

Möchte ich mit ihm etwas zusammennähen oder etwas an ihm befestigen; soll er etwas umbinden und mit einem Knoten halten? Werde ich ihn schmückend nutzen, werde ich ihn verstricken, versticken, verhäkeln oder verklöppeln? Jemand mag ihn zum Schreiben verwenden, wobei nicht Papier, sondern Tuch seine Unterlage ist. Wer nicht schreiben mag, spannt ihn auf, um daran zu zupfen, damit seine Schwingungen einen Ton erzeugen. Doch auch der schändliche Gebrauch ist denkbar – für das Fesseln, An- und Abbinden, Festhalten. Auch die Spinne spinnt ihren Faden, um sich daran abzuseilen oder um ihre Opfer im aufgespannten Netz damit zu fangen. Halten wir uns lieber an die Kinder, die Fadenspiele spielen und Muster machen oder Dinge an Fäden hinter sich herziehen.

Der Faden ist ohne System, Gebrauchsoffenheit seine Qualität. Im ungenutzten Zustand beinhaltet er ein Potential, dessen Realisierung ihn erst zum Objekt macht. Jemand muss ihn ergreifen, ihn gestalten, ihm eine Funktion geben.

Gibt es einen Begriff für dieses Ding ohne Eigenschaften? Proto-Objekt, Quasi-Objekt[1], Zwischending, *boundery object*? Oder ist es in neologistischer Wendung ein Nonjekt, ein Ding, das weder Sub-, Ob- noch Abjekt ist? Eine letztgültige begriffliche Entscheidung muss nicht gefällt werden. Wenn in dieser Schrift Fäden und Schnüre Untersuchungsgegenstand sind, so werden, ausgehend von ihrem Status des Noch-Nicht, die Wege in die symbolische Verwendung verfolgt.

Die Statusundeutlichkeit zwischen Material, Nicht-Mehr-Material und Noch-Nicht-Medium sowie die diversen Stofflichkeiten (Naturfaser, Metall, Kunststoff) mögen Grund dafür sein, dass der Faden in der neueren Forschung zur Materialästhetik nicht auftaucht.[2] Dabei bieten die unterschiedlichen Weisen seiner Inszenie-

1 Zur Theorie des Quasi-Objekts siehe Michel Serres: Der Parasit, Frankfurt/M. 1984, S. 344-360.

2 Siehe Monika Wagner, Dietmar Rübel, Sebastian Hackenschmidt (Hg.): Lexikon des künstlerischen Materials. Werkstoffe der modernen Kunst von Abfall bis Zinn, München 2002; Monika Wagner: Das Material der Kunst. Eine andere Geschichte der Moderne, München 2001; http://www.uni-hamburg.de/Materialarchiv/home.htm.

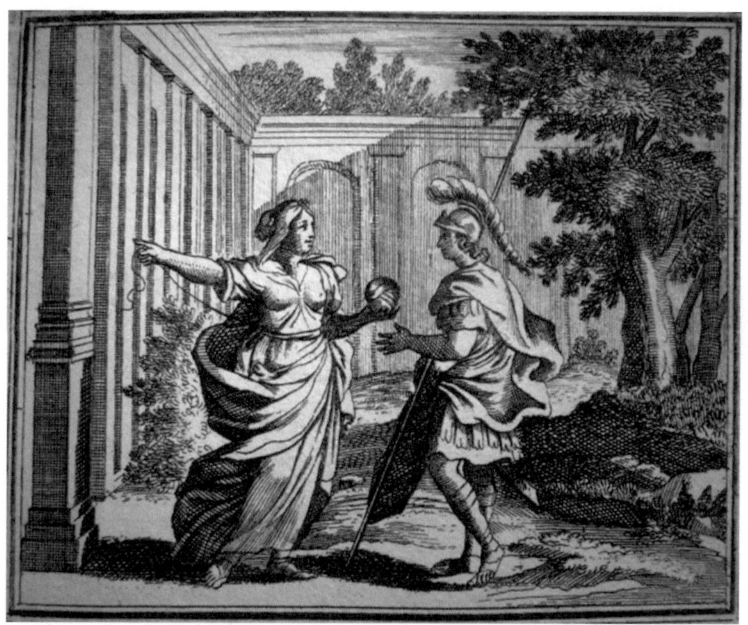

Johann Ulrich Krauss: Ariadne und Theseus, Edition 1690.

rung im Kontext der Kunst genug Anschauung für seinen Wandel vom materialen Nonjekt zum medialen Objekt.

Diesen künstlerischen Metamorphosen nachzufolgen, ist das Ziel der vorliegenden Texte. Aus dieser Anlage erklärt sich auch der Begriff der Ästhetik im Buchtitel: Er ist traditionell konnotiert und verweist auf den Bereich der schönen Künste. Nicht der pragmatische Gebrauch des Fadens wird also Gegenstand sein, wenngleich er in seiner alltagsästhetischen Gegebenheit ebenso zugänglich wäre. In den Blick genommen werden die sinnhaften Aufladungen des Sinnlichen, die durch die künstlerischen Ge- brauchsweisen und Strategien in der Avantgardekunst entstehen.

Die Entscheidung für die Fokussierung auf das Motiv der Fäden und Schnüre entstand aus einer Beschäftigung mit textilen Materialien in der Kunst. In dem inkohärenten Nebeneinander einzelner Phänomene zeichnete sich mit einem Mal dieser Verbund des Material-Ähnlichen ab. Wenn Joseph Beuys und Robert Morris mit Filz arbeiteten, Christian Boltansky und Michelangelo Pistoletto Lumpen inszenierten, oder Claes Oldenburg und Louise Bourgeois weiche Skulpturen verfertigten, so scheinen dies zufällige und äußerst heterogene Paarungen zu sein, aus denen kein eigenständiges Untersuchungsfeld zu konstruieren ist. Anders der sich wiederholende Einsatz des Fadens. Es scheint, als liege mit ihm ein Reichtum an Möglichkeiten vor, der zur Vielfalt der Expression ermuntert.

Die Untersuchungen der Kunstwissenschaft und Kunstkritik zum erweiterten Kunstbegriff, der explosionsartig seit den sechziger Jahren des 20. Jahrhunderts eine unübersehbare Vielzahl an Strategien, Konzepten und Materialverwendungen hervorbrachte, haben bisher die künstlerischen Arbeiten mit diesem Nonjekt nicht systematisch zusammengeführt. Die Engführung, wie sie in vorliegendem Versuch vorgenommen wird, konstruiert also implizit ein Gegenstandsfeld. Behauptet wird damit nicht eine – wie auch immer begründbare – Genealogie zwischen den einzelnen künstlerischen Produktionen und Positionen. Zu kontingent und verstreut erscheinen sie dem Betrachter. Wenn der vorliegende Essay sich als nichtstringente Ästhetik versteht, so ist damit zunächst nicht mehr gemeint, als die Zusammenstellung und Darlegung unterschiedlicher künstlerischer Gebrauchsweisen von Faden- und Schnurmaterial. Solches Benennen geht aber über in Interpretationen: Die Sinnvorräte des Nonjekts, die durch die Kunst aktualisiert werden, sollen zur Sprache kommen. Es wird sich erweisen, dass die Fadenkunst

Aussagen zu Tatbeständen der Kommunikation, des Körpers, der Wahrnehmung, des Raums sowie des Handelns formuliert. Dass die Führung durch das Panoptikum der Kunst der Fäden und Schnüre sich als Versuch versteht, gehört selbst zur Logik des Fadens: Die Ausführungen garantieren nicht einen Gang durch die Ausstellung, in der Ariadnes Faden den rechten Weg markiert.[3] Weder wird die Kunstkritik mit ihren Wertungen noch die Kunstwissenschaft mit ihrer Wahrheit angerufen. Nicht die ausufernde Darstellung künstlerischer Epochen, nicht die Diskussion von Positionen der Kunst-Ismen (Minimalismus, Konzeptualismus, Surrealismus etc.) ist das Ziel vorliegender Texte. Der Leser findet Textminiaturen, in denen jeweils ein Gedanke kurz aufblitzen soll, der ihn für einen Moment zur Aufmerksamkeit einlädt. Zwischen diesen Gedanken wird der Leser zuweilen auch thematische Verbindungen entdecken können, doch wird er ebenso unvermittelt auf eine neue Spur gesetzt. Die Sache der Kunst bleibt resistent gegen Systematisierungen und gegen die Logik der Linearität. Die Lektüre erfordert also nicht, dass der Leser den Eingang am Anfang und den Ausgang am Schluss nimmt. Er ist eingeladen, seine eigene gelehrte Topografie zu erschaffen mit Verknüpfungen oder weiteren Anbindungen.

3 Vgl. Michel Foucaults moderne Version des Ariadne-Mythos: Michel Foucault: »Der Ariadne-Faden ist gerissen«, in: Aisthesis. Wahrnehmung heute oder eine andere Ästhetik, Berlin 1991, S. 406-410 (hier: S. 408).

Arachne.
Mythos als Kunstsoziologie

Klotho, Neith, Penelope, Philomela, Holda, Zirze, Kalypso, Helena, Pandora, Paivatar, Chih-Nii, Habetrot – geht es um das Spinnen und Weben, stellt sich das mythische Erzählen kulturübergreifend als Kosmos des Weiblichen dar. Die Verbannung der Frau an Spindel und Webstuhl lässt sich verstehen als Folge traditionell-patriarchaler Arbeitsteilung. Das ist die eine Sicht. Die andere: Der Faden als Metapher für den kreativen Prozess, für das Erschaffen, für den Text. Die Koppelung von Frau und Faden lässt sich interpretieren als Übergang, als Aufkündigung des kreatürlichen Auftrags zugunsten einer Geburt der Kultur.

Die Gesamtheit der Mythen soll hier nicht überblickt werden, sondern eine Geschichte wiedererzählt werden, die uns von Ovid mit genauem Blick für das Detail übermittelt wurde. Die Geschichte der lydischen Jungfrau Arachne ist eine, die zeigt, wie das Grobe zum Feinen wird, wie sich Rohstoff in Botschaft verwandelt und Kunstfertigkeit zur Revolte avanciert. Und es ist eine Geschichte darüber, wie soziale Mobilität aus einem Zuwachs an Know-how entsteht, wie Macht mit Mitteln der Kunst sowohl gefestigt als auch in Frage gestellt werden kann.

Die Figur der Arachne ist an den Anfang zu stellen und als Leitfigur zu würdigen, denn an ihr – so, wie Ovid von ihr berichtet – ist die Moderne ablesbar. Der Mythos erweist sich wieder einmal als offen für die Adaption einer Konstellation, die der Dichter nicht vorhersehen konnte: Die Geschichte der Arachne ist lesbar als Versinnbildlichung einer Kunst, die auf Autonomie drängt, einer Kunst, die ästhetischen Eigensinn entwickelt, subversiv ist und sich darin von der Funktion als schmückendes Kunsthandwerk befreit.

Ovid selbst positioniert das Mädchen Arachne als Künstlerin; mehrfach werden Signifikanten wie *Kunst*, *Kunstfertigkeit* oder *kunstvoll* in den Text eingewoben.[1] Sie ist eine Artistin des Fadens, den sie mit Anmut zu behandeln und zu verfeinern versteht:

»Ob sie die rohere Wolle zuerst aufwickelt' in Ballen;
Ob mit den Fingern ihr Werk sie lockerte; oder ob krempelnd
Feiner sie zog und feiner die nebelähnlichen Vliese;
Ob sie mit hurtigem Daum umschwang die gerundete Spindel;
Ob mit der Nadel sie stickte [...].«[2]

Dass Arachne weder von Geburt noch aufgrund ihres Milieus als etwas Besonderes gelten kann, macht der Dichter explizit: der Vater ist ein einfacher Purpurfärber, die Mutter stammt aus armer Familie. Diese Nennung des sozialen Kontexts ist mehr als die Skizze eines Hintergrundbildes; erst durch ihn wird kommuniziert, wie bedeutsam die ungewöhnliche und bestaunenswerte Kunst für den Aufstieg Arachnes ist. Das Mädchen weiß um ihre Fähigkeiten und ihre Stellung, doch ist soziale oder religiöse Unterwürfigkeit nicht ihre Sache. Sie bestreitet vehement, von der Göttin der Webkunst, Pallas Athene, unterrichtet worden zu sein. Sie beharrt auf ihrer entwickelten Kulturfähigkeit, die ganz und gar weltlich ist. Mit ihrem Kunstfleiß hat sie auch sich selbst veredelt, hat den Status des Vaters (des Mannes, des Erfahrenen) hinter sich gelassen und sieht sich nun konfrontiert mit der Position der Götter: Athene, von diesem trotzigen Stolz provoziert, tritt ihr gegenüber und fordert sie zu Demut auf. Arachne verweigert jede Unterwürfigkeit und stellt sich dem Wettbewerb im Weben mit der Göttin.

Was nun beginnt, ist ein Wettstreit nicht nur der Techniken, sondern ebenso der Bilder. Ausführlich schildert Ovid zunächst, welche Bildergeschichten Athene in ihr Tuch webt: Es sind Berichte glorreicher Göttertaten, in denen sie selbst als Fruchtbarkeit bringende Heldin den Höhepunkt bildet. In die vier Ecken ihres Tuchs wirkt sie als Kontrapunkte Exempel menschlichen Hochmuts, der durch die Rache der Götter ein trauriges Ende nahm.

1 Verschiedene Übersetzungen operieren mit unterschiedlichen Varianten, die hier jedoch nicht näher erläutert werden.

2 Publius Ovidius Naso: Metamorphosen, in der Übertragung von Johann Heinrich Voß (1798), in: http://gutenberg.spiegel.de/ovid/metamor/meta061.htm vom 3. Mai 2007.

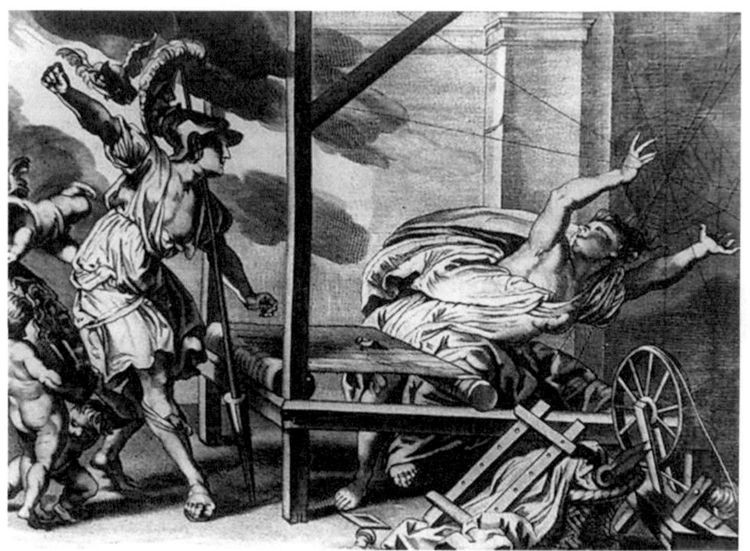

Kupferstich, 17. Jahrhundert.

Arachne kehrt die affirmative, den Machterhalt propagierende Bildproduktion um und erstellt auf ihrem Tuch Bilder, die Freveltaten der Götter darstellen – namentlich Zeus, der Vater Athenes, der in allerlei Gestalt irdische Mädchen und Frauen verführte.

Bevor der Ausgang des Bilderstreits dargestellt wird, ist an dieser Stelle ein Einschub angebracht. Der Text Ovids erwähnt bis zur Eröffnung des Konflikts zwischen Arachne und Athene mit keinem Wort die Webkunst. Heinrich Voß wählt in seiner Übersetzung die Wendung »künstliche Wollebereitung», Hermann Breitenbach überträgt es mit »Arbeit der Wolle«[3]. Damit wird übergreifend das Feld der Konkurrenz zwischen Mensch und Göttin beschrieben. Weiterhin ist vom Spinnen, Sticken, Wickeln und Ziehen die Rede. Erst der Konflikt also bringt etwas ins Spiel, was man als symbolische Kapazität bezeichnen könnte. Davor verbleibt der Faden im Zustand des Nonjekts, der von Arachne hergestellt und kultiviert wird. Mit dem Auftauchen einer Unsicherheit in der Welt, einem Zustand der Beunruhigung und Irritation kommt es zu symbolischen Versicherungen in Gestalt hoch entwickelter Kultur- und Kunstaktivität: das Weben von Bildern. Durch diesen Eingriff wird von beiden Parteien versucht, die Welt zu ordnen, die Götter und die Menschen entweder neu zu positionieren, wie es Arachne anstrebt, oder in die alte Struktur zurückzuführen, wie es Athene begehrt. Der Faden wird *aufgehoben*, er wird unsichtbar zugunsten einer Aussage. Maria C. Pantelia hat in einer Untersuchung zu den spinnenden und webenden Frauenfiguren bei Homer eine parallele Beobachtung gemacht: Das Weben von Bildern geschieht durchgängig in Krisensituationen, als symbolische Kompensation bei existenziellen Gefährdungen. Die Spinnerin hingegen ruht in einer Welt der Ordnung und Übersichtlichkeit.[4]

Der Krieg der Bilder hat unmerklich die Kampflinie verschoben, denn am Beginn stand allein die stolze Behauptung Arachnes, die Kunst des Fadens ebenso zu beherrschen wie die Göttin. In diesem Sinne lässt Ovid Athene am Ende bekennen, dass Arachne in ihrer »belebenden Kunst und Gestaltung« den Unsterblichen gleicht. Was

3 Ovid: Metamorphosen, übersetzt und herausgegeben von Hermann Breitenbach, Stuttgart 1971, S. 180.

4 Maria C. Pantelia: »Spinning and Weaving: Ideas of Domestic Order in Homer«, in: American Journal of Philology, Vol. 114, No. 4 (Winter, 1993), pp. 493-501.

ihren Zorn erregt, das sind die aufrührerischen Inhalte. Das Mensch-Mädchen erlaubt sich, aus der verfügten Ordnung herauszutreten, den Repräsentationsforderungen der Mächtigen nicht mehr nachzukommen. Die symbolische Aktivität erzeugt einen Gegensinn, der von Athene nicht geduldet werden kann. Diese stellt die alte Hierarchie wieder her, indem sie Arachne mit dem Weberschiffchen schlägt und ihr Tuch zerreißt. Die Geschlagene nimmt aus Verzweiflung ein Seil, umschlingt ihren Hals damit und sucht sich damit zu erhängen. Das, was eben noch im Feinen Revoltekunst zu erzeugen vermochte, wird nun zum todbringenden Mittel. Athene jedoch – von Mitleid beim Anblick der zuckenden Arachne gerührt – verwandelt sie in eine Spinne. Diese hängt fortan nicht nur am Faden, sondern produziert ihn gleichzeitig aus ihrem Bauch. Der Todesfaden geht über in ein Inbild für endlose Produktivität, für endloses Spinnen.

Der Mythos mag mit dieser Metamorphose den Status quo wieder hergestellt haben: Arachne ist ihrer Kunst beraubt, sie hat ihr veredeltes Menschsein verloren, ja, sie sinkt nieder auf die Stufe winziger Tiere. Eine allegorisierende moderne Leseweise hingegen muss eine andere Metamorphose betonen: die Metamorphose des Fadens. Arachne lässt den Faden die Entwicklung vom Ding ohne Eigenschaften zur aussagenden Kunstsache durchlaufen. Der qualitative Sprung von der Kunsthandwerkerin zur Künstlerin liegt in diesem semantischen Mehrwert, der die Realität nicht ausstattet, sondern erzeugen möchte. Die Arbeit hin zum Symbol, das nicht mehr nur als sinnreproduzierend in die Welt gebracht wird, sondern das als innovatives, aufstörendes Kommunikat fungiert, ist genau die Arbeit, die die moderne Kunst zu erbringen sucht. Wäre demnach vor dem Hintergrund der Moderne das Spinnesein eine Regression? Gewiss. Und doch lässt sich dieser Zustand auch als einer des Beginnens auffassen. Das Rohe ist darin nicht nur das Potential, es vermag – nachmythisch gelesen – durch inszenierte Präsentation selbst sinnhaft zu werden. Mit Materialbewusstheit geht der moderne Künstler an die Inszenierung von Vorgefundenem, um die implizite Ausdruckskraft oder die kulturell vorgeprägte Metaphorisierung auszustellen.

Objet trouvé, *ready-made* – das sind die bekannten Begriffe für diese anarchische, den traditionalistischen Kunstkonsens verlassende Praxis. Warum nicht in würdigender Anspielung auf das Mädchen des Mythos von arachnistischer Strategie sprechen: Den Faden aufnehmen, ihn aufspannen, auslegen oder hängen lassen.

Mit dieser inhaltlichen Wendung wechseln wir von der Zeit des Mythos zur ästhetischen Moderne, von Arachne zu einem anderen »Spinner« – Marcel Duchamp.

Der verhängte Blick. Marcel Duchamp

Wer eine Treppe zu einem alten Keller hinab steigt oder einen Wald durchstreift, wird die Sensation einer unangenehmen Zärtlichkeit erleben, sobald sich ein Spinnweb auf die Haut legt. Das feine Gespinst klebt als Hauch von etwas Unfassbarem am Gesicht oder auf dem Arm, der sogleich abgewischt werden muss. Die feinsten Fäden fangen den Menschen nicht, wie es ihre Aufgabe im Reich der Insekten ist, sie irritieren ihn.

Hatte Marcel Duchamp im Jahre 1942 im Sinn, ein ins anthropomorphe Maß vergrößertes Spinnennetz zu konstruieren, als er den Raum für die Ausstellung »First Papers of Surrealism« in New York mit Schnur verspannte? Ist die Installation eine große Falle, in der der Zuschauer sich verfangen sollte, anstatt ungestört die Bilder so bekannter Maler wie Tanguy, Magritte, De Chirico, Picasso, Klee, Chagall und Motherwell betrachten zu können?

Die Assoziation des Spinnennetzes wird konstant in den Kommentaren zu dieser legendären Rauminstallation wiederholt. Dabei folgt die Formgebung nicht der geometrisch geordneten Architektur, die die Spinne hervorbringt. Eher ist von einem Wirrwarr zu sprechen, einem Durcheinander der Fäden. Die Installation *Sixteen Miles of String* war gewiss keine Falle und keine Anspielung an die Tierwelt. Auch irritieren diese Fäden nicht die Haut, wie wohl sie gewissermaßen die Netzhaut zu *ärgern* vermochten: Sie störten die Sicht. Durch den gesamten Ausstellungsraum waren die Schnüre so gezogen, dass die Bewegungsfreiheit einschränkt war und damit die freie Wahl der Betrachterposition vor den Bildern verhindert wurde. Wie durch einen zerschlissenen Vorhang oder eine fadenscheinige Gardine konnten die Werke wohl betrachtet werden, jedoch immer aus der Distanz, ohne die Möglichkeit des Nahblicks.[1] Obwohl dieses Werk von Duchamp selbst eher abschätzig, jedoch doppeldeutig, als »cheapest form of attracting the attention of the public«[2] gekennzeichnet wurde – wobei »cheap« sich nicht nur auf die Konzeptidee, sondern ebenso auf die Nichtigkeit des Materials beziehen kann –, haben es Interpreten in vielfältiger Weise mit Sinn ausgestattet. Nicht nur wurde darin in simpler Analogie ein Netz erkannt, ebenso wurde es als »anti-retinale« Leinwand, Labyrinth, Doppelung des Raums, ikonoklastisch wirkendes Hindernis, Kritik am Publikum, Entkonventionalisierung der Rezipientenposition, Erweiterung der Linie in die dritte Dimension, als Gehirnwindungen, Bild des Zeitstillstandes sowie als Trennung von Sehen und Körper gedeutet.[3]

Statt diese Auslegungen weiter zu erläutern, soll ein ganz anderer Aspekt betont werden. Ausgangspunkt ist der Titel der Installation, dem bisher wenig Beachtung geschenkt wurde. Worauf stets hingewiesen wird, ist die Falschtitulierung oder Übertreibung: Nachweislich hatte Duchamp 16 Meilen Schnur gekauft, doch geht die Vermutung dahin, dass er davon lediglich eine Meile für die Installation verwendete. Der Titel selbst ist nun nicht wegen seiner Inkorrektheit interessant, die zu Spekulationen antreiben könnte, es sind vielmehr die Signifikatswirkungen, die er hervorruft. Das Längenmaß evoziert nämlich das Bild einer langen geraden Strecke, die von der Schnur abgemessen und sinnlich erfassbar gemacht wird. Genau diese Vision einer Geradlinigkeit wird aber im Raum durch das *zigzagging* vollständig außer Kraft gesetzt.

Bevor der Schritt in den zerschnittenen Raum getan wird, ist beim Bild der vom Faden gezeichneten Geraden zu verweilen, die im Unendlichen verschwindet. Duchamp lässt mit dem Titel vor unserem geistigen Auge eine Grundtatsache zentralperspektivischer Wahrnehmung und Gestaltung aufscheinen: den Fluchtpunkt.

---

1 Siehe Sotirios Bahtsetzis: Geschichte der Installation. Situative Erfahrungsgestaltung in der Kunst der Moderne, Berlin 2006, S. 238, in: deposit.ddb.de/cgi-bin/dokserv?idn=980868491&dok_var=d1&dok_ext =pdf&filenme= 980868491.pdf vom 12. Dezember 2006.

2 Zitiert nach Bahtsetzis, Installation, S. 240.

3 Siehe hierzu neben der Darstellung der diversen Rezeptionen durch Bahtsetzis die inzwischen »klassische« Essaysammlung von Brian O'Doherty: In der weißen Zelle, Berlin 1996.

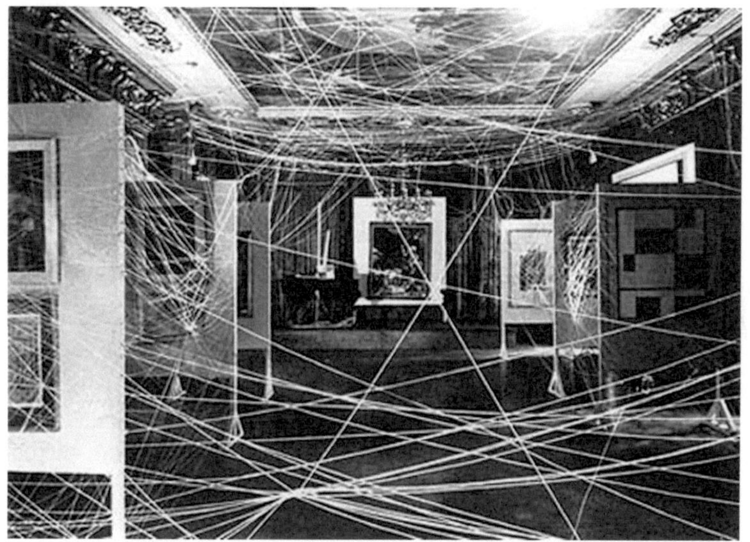

Marcel Duchamp: Sixteen Miles of String, 1942.

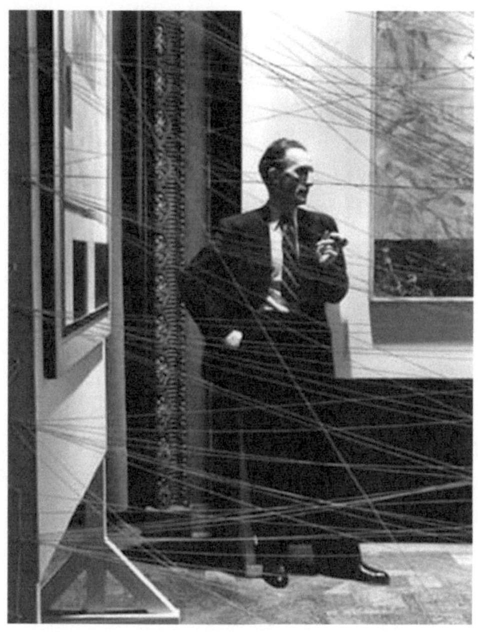

Marcel Duchamp hinter seiner Installation.

So sehr der Fluchtpunkt durch die lange Schnur vorstellbar wird, die wie ein Zeiger auf einen fernen Horizont zuläuft, so sehr ist der Horizont bei Duchamp kein Gegenstand der Darstellung; er wird allein für die Imagination aufgerufen. Bekanntlich ist Duchamp der Künstler, der das Optische zu unterlaufen suchte, ja, der vom »großen imaginativen Gehalt« in seinen Werken spricht.[4] Die solitäre Schnur als geometrisierendes Werkzeug provoziert nun nicht nur ein Vorstellungsbild, es verweist ebenso auf jene berühmte Darstellung eines Perspektivapparates durch Dürer, in der der Faden den Sehstrahl vertritt. Auf dem Holzschnitt ist nicht der Zeichner hinter dem Rahmen entscheidend, sondern die Öse an der Wand, die den Augpunkt vertritt. Von hier aus wird der Faden durch den Raum und durch einen Rahmen geführt, in dem zwei Stäbe horizontal und vertikal verschoben werden können. Mit dem Zeigestift am linken Ende des Fadens tippt der Operateur auf eine bildrelevante Stelle eines Objekts, hier eine Laute. Wo der Faden den Rahmen durchdringt, dort fixiert der Zeichner einen Kreuzungspunkt mit den beiden Stäben; klappt man das Türchen auf den Rahmen, kann der fixierte Punkt auf dessen Zeichenfläche markiert werden. Sind genügend Punkte abgetragen und mit Linien verbunden, so ist ein genaues zentralperspektivisches Abbild der Laute entstanden.

Machen wir den Zeitsprung vom Jahr 1525 in das Jahr 1942: Hat Duchamp den Faden Dürers genommen und ihn, statt durch den Rahmen zu führen, systematisch an all den Bildern der Ausstellung vorbeilaufen lassen, um eine Ansicht zu erhalten? Eher scheint sich der Raum in Auflösung zu befinden, auszufransen. Er gehorcht nicht mehr einer Zentralperspektive. Der Sehstrahl hat sich multipliziert und zerstört das geordnete Sehen. Es ist, als hätte Duchamp all die Blicke, die das Bild verfehlen, das unbewusste Schauen, das gelangweilte Umherschweifen einer schauenden Menschenmasse in Szene gesetzt. Überall sind Augen und doch auch keine Augen, überall sind Objekte und auch keine Objekte: am Boden, an der Decke, zwischen den Wänden.

In der Zentralperspektive laufen alle Parallelen berührungslos auf einen Punkt am Horizont zu; alle Sehstrahlen laufen ebenso berührungslos auf den Punkt des Betrachters zu. Die rationale, auf das

4 Marcel Duchamp: Interviews und Statements, Ostfildern-Ruit 1992, S. 175.

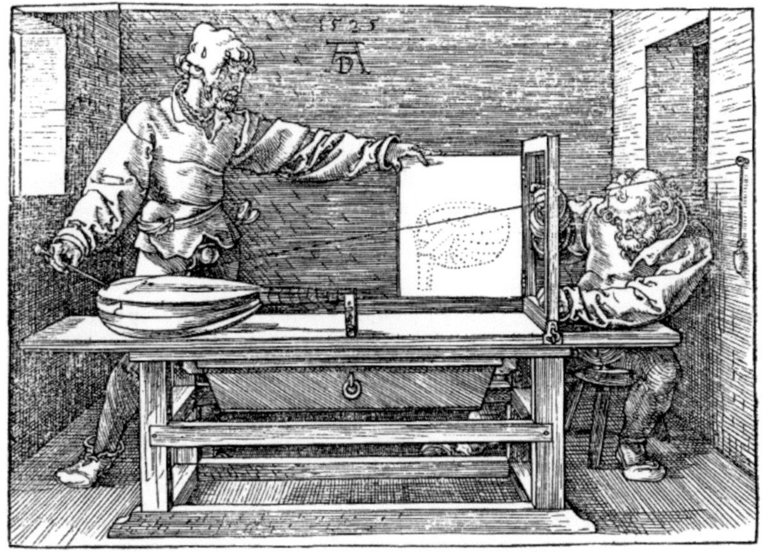

Albrecht Dürer: Der Zeichner der Laute, 1525.

Subjekt zentrierte Welt scheint folglich aus nichts als geordneten Strahlen zu bestehen. Bei Duchamp hingegen sind die Linien zerstreut, sie überschneiden sich, verfehlen die Abbildung, durchdringen nicht den Rahmen. Duchamp scheint es geschafft zu haben, dass das Sehen selbst zum Thema wird und nicht einfach stattfinden kann. Es ist daher Brian O'Doherty darin zu folgen, dass *Sixteen Miles of String* nicht lediglich eine mehr oder weniger interessante Stör- oder Provokationsidee darstellt, sondern als Kunstwerk einsteht, das den Raum mit Sinn auflädt.[5] Die Fäden generieren einen Raum der Nachbarschaften mit Durchlässigkeiten und Sperren, mit vielen Berührungspunkten und Auseinanderstrebungen.

Die räumliche Manifestation und künstlerische Ereignishaftigkeit kennzeichnet einen fundamentalen Unterschied zum Gebrauch des Fadens bei Dürer: Der Renaissance-Künstler benutzt ihn als Werkzeug, um zum Bild zu kommen. Bei Duchamp ist die Fadenkonstruktion selbst das Bild, in das der Betrachter hineinversetzt wird. In diesem Bild ist nichts festzustellen, denn der Besucher befindet sich in einer Fadenwolke voller Zufälligkeiten. Duchamp konstruiert keinen Stand, wo das Subjekt steht, sondern einen Umstand, mithin das, was das Subjekt umgibt.[6] In diesem Umstand bewegt es sich. Die Ordnung der Rahmung ist dahin, die Unschärfe erschafft einen Erfahrungsraum, in dem es den geraden Weg nicht mehr gibt.

5 Siehe O'Doherty: Zelle, S. 79.

6 Zum Terminus *Umstand* siehe auch Michel Serres: Hermes IV. Verteilung, Berlin 1993, S. 239-240.

Jenseits des Körpers, diesseits der Seele. Eva Hesse

Ein Scherzfoto? Eine dadaistische Skulptur voller Unsinn? Oder eine sinnschwere Performance?

Mein Blick haftet noch nicht an der verschnurten Person, sondern am Kanapee, einem Stück unmoderner und plüschiger Bürgerlichkeit. Es scheint, nicht in dieses ungewöhnliche Ambiente zu passen, steht im Kontrast zur formalistischen Kunst an der Wand und zum unaufgeräumten Arbeitstisch. In der Inszeniertheit mutet es wie ein Statement an. Zwei gegensätzliche Ideen dazu drängen sich unmittelbar auf:

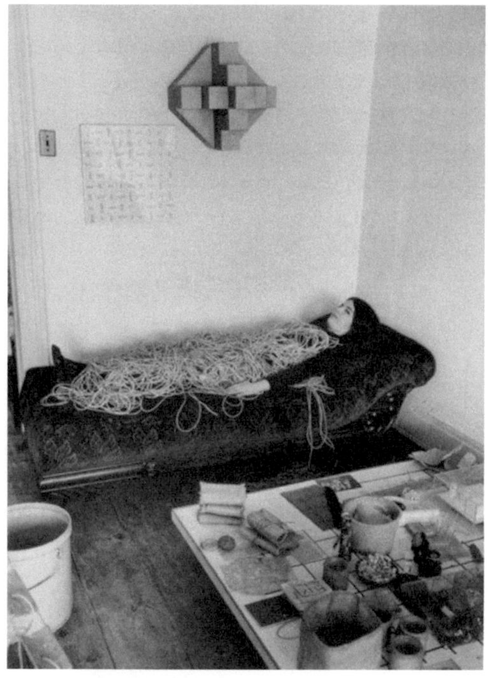

Eva Hesse, ca. 1969.

Erster Einfall: Das Liegesofa in seiner historischen Rückgewandtheit und die ruhende Position der Person lassen unweigerlich an das Behandlungszimmer Freuds und an das psychoanalytische Setting denken. Das Subjekt hat sich in eine Lage versetzt für Einfälle, für Erzählungen, für die Entdeckung der Wünsche, für die eigenen Fremdheiten, für das Irrationale. Eine kreative Position, eine Position, in der die Gedanken rücksichtslos sein dürfen. Man könnte auch sagen: eine künstlerische Stellung.

Und der Körper? Schnurmassen verbergen ihn fast; oder sollte man sagen, dass sie ihn ersetzen? Ein Körper aus Chaos, aus hinausgetretenem Gedärm, ein Körper der Entgrenzung, der Entäußerung, des Verfließens?

Zweiter Einfall: Das Foto wurde wahrscheinlich 1969 aufgenommen. Es zeigt die Künstlerin Eva Hesse, die im Jahr darauf, 34-jährig, an einem Gehirntumor sterben wird. Das Wissen darum schafft eine Nachträglichkeit mit eigener Sinnkraft: Ich erkenne in der Szene eine Aufbahrung, eine Fast-Beerdigung. Der Körper ist starr, ein friedlicher Gesichtsausdruck, die Augen gesenkt oder geschlossen.

Diese inszenierte Fotografie, die nicht zum Oeuvre Eva Hesses gehört, dennoch an den Anfang der Betrachtung zu stellen, motiviert sich aus ihrer Widersinnigkeit.

Denn in der Kunst Hesses wird *Widersinnigkeit*, vor allem in der Spätphase ihres Schaffens, zu einem kennzeichnenden Begriff ihrer Arbeiten. Wir finden uns hineinversetzt in die Spannung zwischen Absurdität und Tod, zwischen Unbewusstem und Darstellung, Form und Idee, Kunst und Leben, zwischen Körper und Seele. Allesamt große Themen, die einen einschüchtern können. Dabei ist in der Anschauung die Fadenkunst Hesses durchaus leicht, formal, arm an Symbolik und Anspielungen.

Bevor eine inhaltliche Aussage riskiert werden kann, soll für einen Moment der panoramatisch-kategorisierende Blick vorgeschaltet werden. Mit ihm lassen sich zwei große Gruppen im Spätwerk erkennen. In der ersten Gruppe sind – metaphorisch gesprochen – Hautobjekte versammelt. Das sind weiche, zum Teil flächige, zum Teil volumenhafte Arbeiten aus Latex: Behälter, Schläuche, Aufspannungen, Aufhängungen. Die zweite Gruppe beinhaltet Objekte, in denen Schnüre und Kordeln eine wichtige Rolle spielen. Bleiben wir bei der Beschreibung dieser Arbeiten, denen ein großer

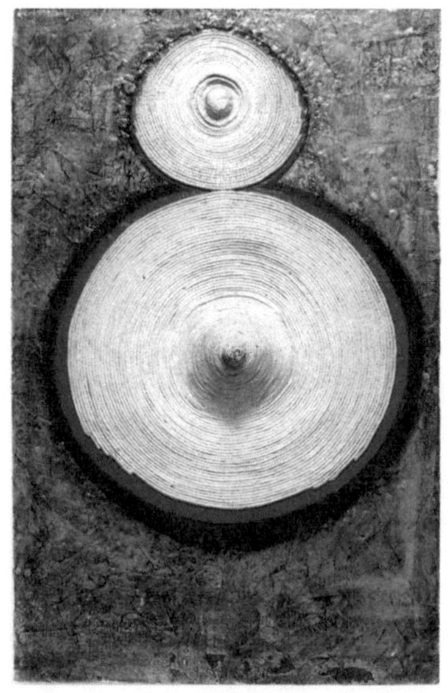

Eva Hesse: Ringaround Arosie, 1965.

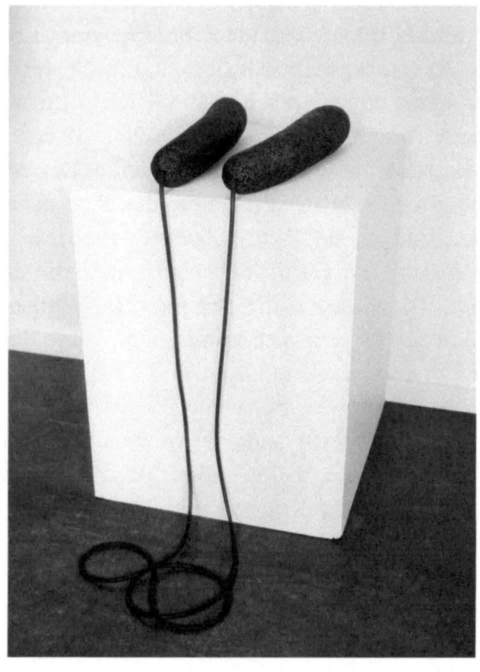

Eva Hesse: Ingeminate, 1965.

Formenreichtum eigen ist und mit denen Hesse eine rasante Entwicklung hin zum Raumobjekt durchläuft. Als Eva Hesse 1964/65 für ein längeres Stipendium nach Deutschland kommt, arbeitet sie in einer stillgelegten Textilmühle in Kellwig an der Ruhr. Dort findet sie vergessene Reste textilen Materials, das sie gestalterisch in ihre Bilder integriert. Bis zu diesem Zeitpunkt hatte Hesse hauptsächlich gemalt und gezeichnet. Schnüre fungieren nun als Linien, die auf das Bild geklebt werden und es damit zugleich in die dritte Dimension des Reliefs transformieren (*Ringaround Arosie*).

Sie wird 14 derartiger Faden-Bilder herstellen. Diese abstrakten, von heiterer Farbigkeit dominierten Bilder, in denen die Schnur noch fixiert ist, gehen über in eine Architektur, die mehr und mehr das traditionelle Bildschema des Rechtecks negiert. Die Bildfläche selbst verliert ihre Farbigkeit zugunsten einer unauffälligen Graufärbung und tritt in den Hintergrund. Das Bild wird zudem durchlöchert, um Schnüren Platz zu machen, die aus dem Bildkörper herauszuwachsen scheinen. Sind es einerseits kurze Stummel (*Iterate*), die in der Mehrzahl noch im Bildraum verbleiben, dominieren andererseits jene Werke, in denen der Faden weit über den Rand hinausreicht (*Ditto*, *Ennead*, *Metronomic Irregularity*, *Addendum*).

Etwas kommt in Bewegung, die Schnur gewinnt Autonomie, sie überdeckt das Rechteck, marginalisiert es, erzeugt Unordnung jenseits der rationalen Form, macht sie vielleicht sogar lächerlich, strömt aus dem Bild hinaus, fällt zu Boden. Ist das traditionelle Bildschema zunächst Ausgangspunkt für eine Bewegung in den Raum, entstehen daneben Installationen, die ohne diesen Halt auskommen. Jetzt sind es ein Ring (*Untitled*, 1965), ein phallizöser Kokon (*Ingeminate*), ein Gerüst (*Laocoon*) und ein gespannter Faden (*Vinculum II*), an denen die Schnüre Halt finden. Auch hier herrscht das gleiche Prinzip: Die kontrollierte Linie der Zeichnung ist übergegangen in etwas Zufälliges und Unkontrolliertes. In der Kunstgeschichtsschreibung der Avantgarde ist für diesen Sachverhalt der Terminus Antiform geprägt worden: Das Schnurmaterial folgt seiner eigenen Logik; beim Fallen, Hängen, Auslegen nimmt es Formen an, die von der Künstlerin nicht mehr kontrolliert werden. Die Beschaffenheit des Materials und die Umgebung sorgen für die Prägung.

Bevor der letzte Schritt in der Werkgenese beschrieben wird, soll das Augenmerk auf die Qualitäten des Widersinnigen gerichtet

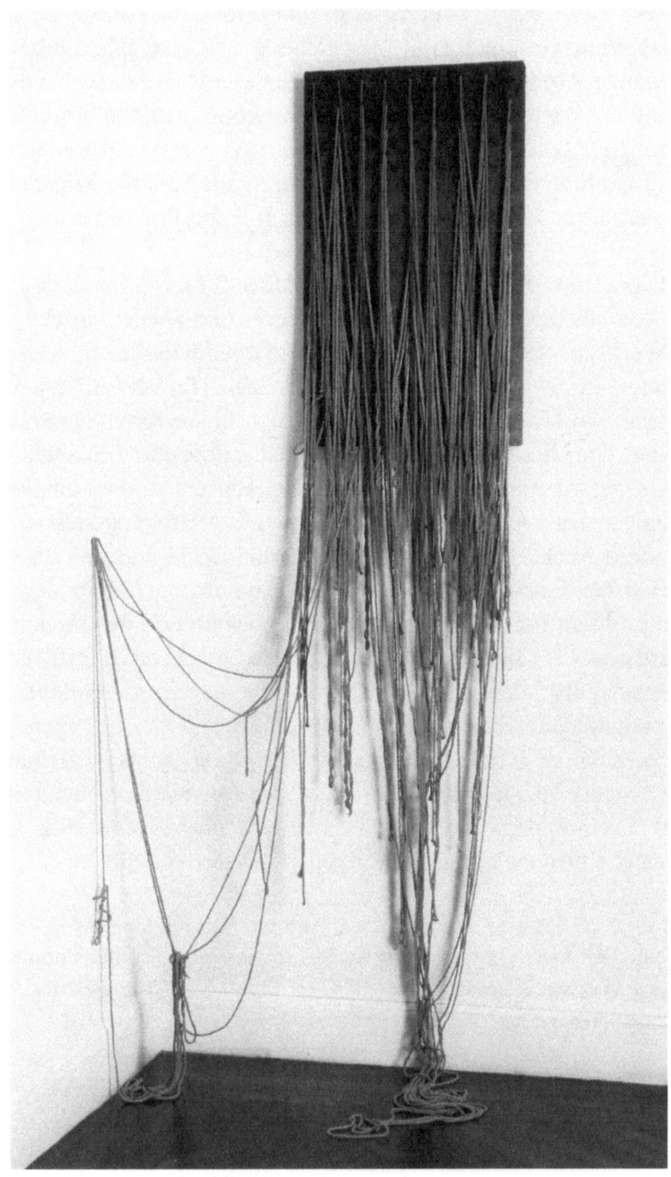

Eva Hesse: Ennead, 1966.

werden. Dazu ein Exkurs zu den Selbstaussagen Hesses. In dem viel zitierten Gespräch mit Cindy Nemser aus dem Jahr 1969 wird die heftige Absage an jedwede realistische, metaphorische, symbolische, illustrative oder dekorative Funktion deutlich artikuliert. Hesse strebt dahin, alles Gelernte, alles, was bereits mit Bedeutung belegt ist, hinter sich zu lassen. Es interessieren sie die »abstrakten Eigenschaften, das Material, die Form, [...] die Positionierung und Ausrichtung im Raum.«[1]

Die Künstlerin – eine reine Formalistin? Man könnte es glauben, wäre da nicht ein Wort, das sie wieder und wieder einsetzt, um ihr Werk zu charakterisieren: absurd. Sie erläutert nicht, was sie darunter versteht. Doch gibt das Wort einen Hinweis auf die Verknotung von Überfülle und Leere, die sich in der Kunst Hesses abspielen. Um dies zu verstehen, ist auf die doppelte Semantik von *absurd* hinzuweisen: Das Wort bedeutet zum einen, dass uns keine metaphysischen Ordnungsbegriffe mehr zur Verfügung stehen, um das Menschliche Tun und Sein zu begreifen. Zum anderen, dass im Bereich der Erscheinungen das Nicht-Zusammengehörige sich begegnet. Wenn Hesse wiederkehrend und beharrend ihre Objekte als absurd ausweist, findet sie folgerichtig den passenden Begriff für ihre Behauptung, dass die Objekte sich der Referenzierbarkeit, der Anspielung oder Übersetzung verweigern.

Sie sind, so könnte man schlussfolgern, gar nichts, beziehungsweise nichts als sie selbst. Das wäre die Abwesenheit metaphysischer Bestimmung. Andererseits stellt sie ebenso eindeutig klar, dass ihre Kunst aufs Engste mit ihrer Existenz verknüpft ist:

»Für mich ist das ein Gesamteindruck, der mit mir und meinem Leben zu tun hat. Das kann man nicht aufspalten in Idee oder Komposition oder Form. [...] Ich will etwas anderes finden. Etwas, das zwangsläufig mein Leben ist, mit meinen Gefühlen und meinen Gedanken zu tun hat.«[2]

Man hört ein beinahe romantisches Pathos, das die individuelle Selbstexpression als eigenständiges Jenseits kultureller Verfügung verstehen will. Wird uns in der Zusammenführung von kommunikativer Sinnleere und impliziter Lebensfülle aber nicht auch ein Beispiel für Absurdität gegeben?

---

1 Cindy Nemser: »Ein Interview mit Eva Hesse«, in: Eva Hesse, Katalog Museum Wiesbaden, Wiesbaden 2002, S. 252.

2 Ebenda.

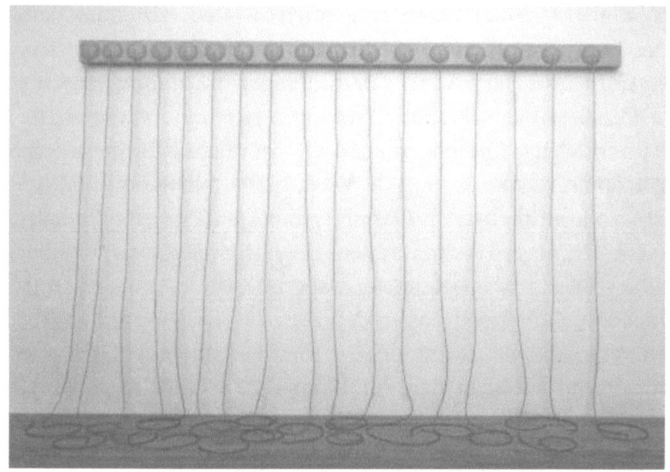

Eva Hesse: Addendum, 1967.

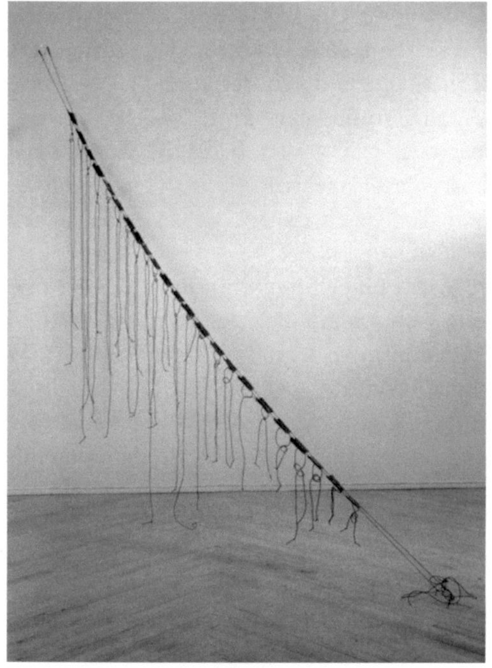

Eva Hesse: Vinculum II, 1969.

Wie also sich der Sache annehmen? Sollen wir es uns leichten Herzens versagen, dem Wort der Künstlerin Folge zu leisten, um unser Garn zu verstricken? Vorzuschlagen ist stattdessen eine dezente Perspektivverschiebung, wodurch sich eine vorsinnhafte Dimension eröffnet, die jedoch auch die Möglichkeit einer interpretativen Kopplung von Leben und Werk bietet. Nehmen wir das Wort Hesses vom »ästhetischen Gesichtspunkt« auf, der für sie entscheidend ist. Wir neigen dazu, mit dem Begriff *Ästhetik* vornehmlich die visuelle Qualität zu bezeichnen. Ästhetisch ist das, was wir mit dem Auge wahrnehmen und uns in den Zustand der Empfindungsbereitschaft versetzt. Nun ist auf einen rezeptionsästhetischen Sachverhalt hinzuweisen, der nicht den Abbildungen zu entnehmen ist. Cindy Nemser macht Eva Hesse gegenüber die Bemerkung, dass die Objekte über eine ausgesprochen haptische Qualität verfügen.[3] Sie laden ihrer Ansicht nach zu Berührungen ein. Hesse bestätigt, dass Zuschauer ihre Kunst gern »befingern« und sogar durch übergroße Zuneigung zerstört haben.[4] Andere Interpreten betonen die erotische Wirkung, was lediglich ein überspitzter Ausdruck für die erlebbare Körperlichkeit der Dinge ist. Offenbar gibt es die Tendenz, die tote Sache, das leblose Objekt durch Berührung zu verlebendigen – oder sich selbst durch Empfindungsgaben als lebendig wahrzunehmen. Wie sonderbar oder gar absurd, wie gleichzeitig verständlich und nachvollziehbar, dass eine Künstlerin, deren Körper gebrechlich wird und dem Tode sich nähert, genau dies zu bewerkstelligen wusste.

Der Körper, der einfach nur empfindet, Lust verspürt, ist wohl einer, der keinen Sinn nötig hat. Der Sinn tritt erst im Moment der Spaltung, des Verlusts an Unmittelbarkeit in Kraft. Er überbrückt und schafft einen Ersatz.

Soll man die These wagen, dass Hesse absurde Körper anbietet, haptische Spielzeuge, die den Befasser vor den Sinn führen?

Die Reihe der Schnur-Objekte zeigt in der Entwicklung aber auch dies: die Autonomisierung der Fäden und Taue von einem Körper, einem Halt. Die letzten zwei Schnur-Objekte vollenden diese Tendenz. *Right After* (1969) trägt diesen Titel, da es die Arbeit ist, die nach der ersten (von insgesamt drei) Gehirnoperationen ent-

3 Ebenda, S. 255.

4 Ebenda.

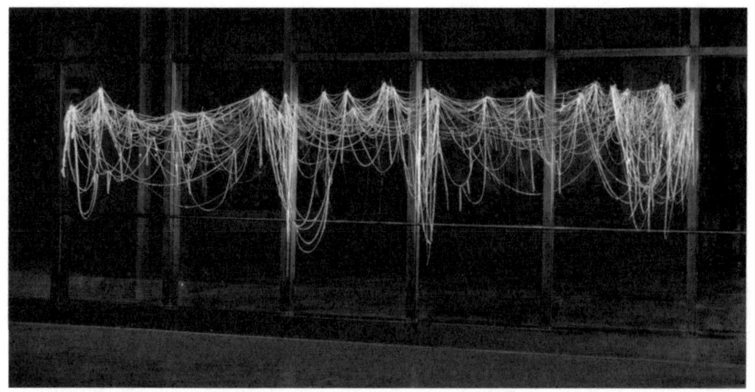

Eva Hesse: Right After, 1969.

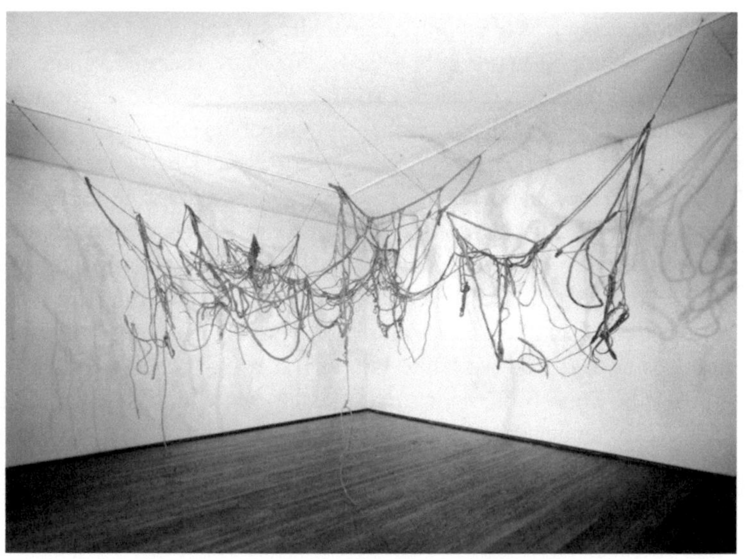

Eva Hesse: Rope Piece, 1970.

standen ist. Es folgt als Weiterführung eine Arbeit, die ohne Titel firmiert, in der Literatur aber auch als *Rope Piece* (1970) betitelt wird; Hesse selbst nennt sie in einer Notizbucheintragung »knot piece«[5]. Diese Arbeit entsteht im Januar 1970; am 29. Mai stirbt Eva Hesse.

Beide hängenden Objekte verweisen auf keinen Hintergrund, kein geometrisches Gegenüber, keine feste Form mehr – sei es Bild, Gerüst, Sockel oder Kasten. Sie schweben, sind sistiert zwischen einer aufstrebenden und fallenden Bewegung. Beide Arbeiten wurden auf die gleiche Weise hergestellt: Faden oder Tau wurden in flüssiges Latex getaucht und nass aufgehängt, um dann auszutrocknen. *Right After* erscheint fragiler, aber auch austarierter. Hesse hegte eine gewisse Skepsis der Arbeit gegenüber, sie erschien ihr zu schön. *Rope Piece* hingegen mutet aufgrund der variierenden Dicke der Taue robuster an; dem Objekt ist eine archaische Formlosigkeit und Unordnung eigen. Wie ein verlorenes oder aufgegebenes Stück, das seine Verwendung verloren hat. Es ist, als führe Hesse die Taue in den Zustand ihrer Nonjektalität zurück.

Sind nicht beide Objekte lesbar als Aufgabe des Körpers? Gerade das letzte Objekt erscheint wie ein Rest, ein Überbleibsel. Die Schnüre kreieren eine Sache mit Leerstellen, als hätten sie verloren, was sie einmal umschlossen oder durchzogen haben, als hätten sie sich von ihrer Funktion des Haltens und Sicherns verabschiedet.

Ich komme auf das Eingangsfoto zurück. Das Tau, mit dem Eva Hesse sich bedeckt hat, ist nun aufgestiegen, allein, den Körper zurücklassend. Der Tod hat keine Präsenz, aber das Leben davor hinterlässt eine Spur. Sollen wir so vermessen sein und dieses Knotenstück *Seele* nennen? Das wäre absurd, gerade weil zu viel Anspielung auf christliche Metaphysik darin enthalten wäre.

Und doch ist diese Antiform nicht loszulösen von der Körper-Seele-Dichotomie. Dazu ist eine Aussage Hesses zu wiederholen, an die sich die Selbstinszenierung als Körper aus Stricken knüpft:

»Ich ertrage keine sentimentalen Geschichten, keine netten Bilder, keine hübschen Skulpturen, keine Dekorationen an den Wänden, keine braven parallelen Linien – das alles macht mich krank. Dann fange ich an, über

5 Eva Hesse: Sculpture; catalogue raisonné, Barrette, Bill [Bearb.], New York 1989, S. 234.

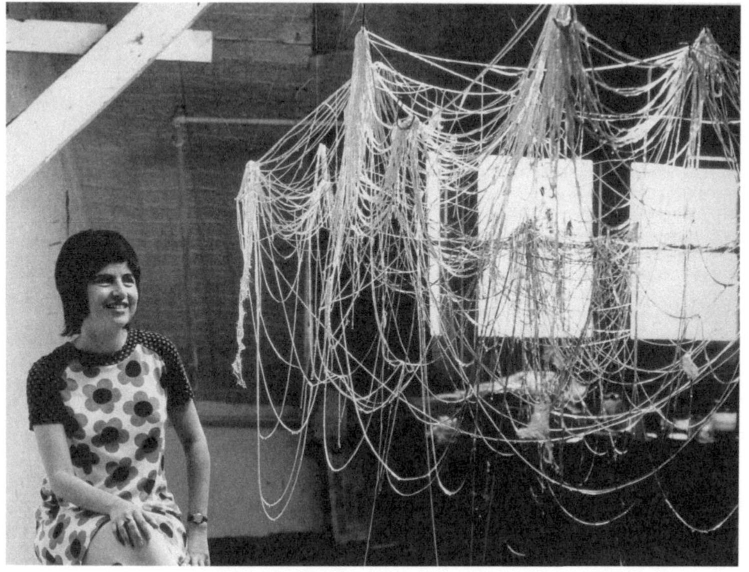

Eva Hesse mit »Right After«.

die Seele und die Gegenwart und die Eingeweide der Kunst zu sprechen.«[6]

Die Seele und die Eingeweide – noch eine absurde Kombination. Aber sie macht Sinn vor dem Tatbestand einer Todkrankheit: Die Schnüre und Fäden sind körperschweres *und* seelenleichtes Material in einem, hässlich *und* erhaben, fixiert *und* verströmend. Hesse zeigt kein tautologisches Objekt, das auf nichts als sich selbst deutet.[7] Es bietet schließlich doch ein Bild, ein Bild für das, was die Psychoanalyse die freie Assoziation nennt: ein nervöses Hinundher, ein ungeregeltes Sich-Verknüpfen, ein irrationales Ausgreifen[8] – mithin die Seele im Rohzustand.

6 Nemser: Interview, S. 261.

7 Vgl. Georges Didi-Huberman: Was wir sehen blickt uns an, München 1999, S. 22.

8 Eva Hesse bezeichnet es selbst als »totally encroaching and irrational«. Siehe Eva Hesse: Sculpture, S. 234.

Das Unbewusste der Antiform. Robert Morris

Welch ein Zufall, dass ungefähr zur gleichen Zeit Eva Hesse in einer stillgelegten Textilmühle das Material der Fäden und Schnüre entdeckt und Robert Morris als Weichensteller bei der Pennsylvania Railroad ebenfalls dem Faden begegnet, um ihn später künstlerisch aufzuwerten.[1] Zwei Mal die Berührung mit Industriekultur, mit dem Pragmatismus der Materialverwertung, mit dem Liegengelassenen. Doch während Hesse aus den Fäden Gedichte zaubert, sie aufhebt und schweben lässt, ihnen Luft gibt, lässt Morris sie einfach fallen, macht aus ihnen einen chaotischen, filzigen Erdkörper und kreiert daraus eine zerstörte Natur. Dahinein setzt er Spiegel wie kalte Klingen, die das Durcheinander durchschneiden und doch nur multiplizieren, indem sie es reflektieren.

Threadwaste with Mirrors von 1968 gehört zu den Installationen, auf die stets Rekurs genommen wird, wenn das Konzept der Antiform erläutert wird. In Parallelaktion verfasst Morris im gleichen Jahr einen programmatischen Text mit eben diesem Titel.[2] Text und Installation markieren einen Wechsel der eigenen künstle-

---

1 »Threadwaste was a material I first encountered as a railroad switchman. Back then the bearing systems for freight cars were fairly primitive: no ball bearings, just a half-round bronze shoe that rode the axle and upon which the entire weight of the car rested. Naturally these needed a lot of lubrication. Hence the journal boxes packed with threadwaste. It was the job of certain ›car knockers‹ to go down the length of any train brought into the freight yards, pull up the flap on the journal box with a steel poker, poke around in the threadwaste and then give it a giant squirt of oil from the can held in the other hand.« Pepe Karmel, Robert Morris: »formal disclosures«, in: http://www.findarticles.com/p/articles/mi_m1248/is_n6_v83/ai_17129004/pg_7, 3. Januar 2007.

2 Robert Morris: »Anti-Form«, in: ders., Continuous Project Altered Daily, Cambridge, Massachusetts 1993, S. 42-46.

rischen Position: War Morris bis dahin der festen minimalistischen Skulptur verpflichtet, fokussiert er nun auf die Aspekte des Unwillkürlichen, Prozesshaften und der Subjektlosigkeit. Zwar hatte er bereits 1964 *Rope Piece* fertig gestellt, doch zeigt sich in der Strenge der Anordnung noch das minimalistische Credo der Ablehnung des Details, der Illusion und Zeitlichkeit.

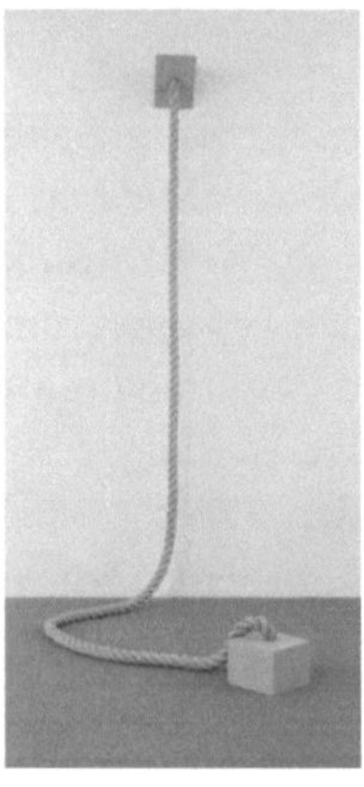

Robert Morris: Rope Piece, 1964.

Anders der Essay, der eine neue Stoßrichtung nimmt: Morris setzt alles daran, die traditionellen Vorstellungen vom Künstler und vom Kunstwerk eliminieren zu wollen. Weder sinnt er auf einen Künstler, der das Material veredelt, der handwerklich versiert ist, der dem Material seine Handschrift aufdrückt oder das Werk visionsartig vorwegnimmt, noch auf ein Kunstwerk, das einen subjektiven oder transsubjektiven Inhalt zum Ausdruck bringt. Seine Ausführungen bleiben vollständig formalistisch, ihn interessieren allein die inhärenten Bewegrichtungen und Eigenschaften des Materials. Morris verschiebt die Handlung – fort vom künstlerischen Akteur und hin zum prozesshaften Material. Indem er auf die Schwerkraft und das Zweite Thermodynamische Gesetz (Entropie) als gestaltende Instanzen anspielt, bringt er einen Physikalismus ins Spiel, der fortan als gestaltende Exekutive einstehen soll.

Tatsächlich mutet das fasrige Material wie ein ideales Sinnbild für diesen theoretischen Entwurf an: Man lasse einen Faden von genügender Länge fallen; die Erfahrung lehrt, dass er sich nach kürzester Zeit wie durch Geisterhand geleitet unauflösbar verwirrt hat.

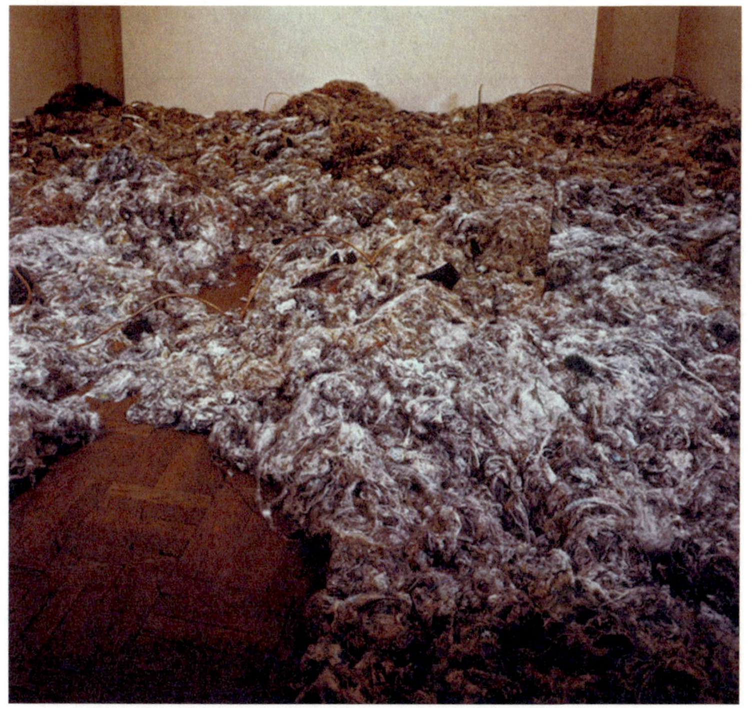

Robert Morris: Threadwaste with Mirrors, 1968.
(Museum of Modern Art, New York)

Es gibt keine Determination, nur Zufall. Morris verstärkt diesen Prozess zum Chaos mit seiner Landschaft aus Materialmasse, die nun auf nichts als sich selbst verweisen soll: *waste land.*[3]

Indem ich den Vergleich mit der Landschaft wähle, begehe ich vielleicht schon einen Verrat am Konzept: Die Bildanalogie erscheint als unzulässige Sinngebung dort, wo der Künstler eine Metakunst im Sinn gehabt hatte, die das System der Kunstproduktion reflektieren sollte. Der Künstler als Operateur und Demonstrateur, der den Eigensinn des Materials in Szene setzt, steht mit einem Mal in Konfrontation mit dem Betrachter.

Die Frage ist jedoch zu stellen, ob der interpretative Einwurf, der sich gegen Installation und Essay ins Spiel bringt, vielleicht mehr ist als ein ungebührlicher Akt. Er ist kritisch in einer Weise, die auf die problematische Tendenz zur deckungsgleichen Überlagerung von Textsinn des Kunstmanifests und Materialtextur der Installation hindeutet. Mit Blick auf beide entsteht der Eindruck, dass *Threadwaste with Mirrors* nichts als die Illustration einer ästhetologischen Aussage ist, wie auch in Umkehrung die Aussage eine Legitimation der Installation darstellt. Das eine scheint ohne das andere nicht existieren zu können; beides bildet gemeinsam einen sich erschöpfenden Komplex: Der Text sagt, was das Kunstwerk ist; das Kunstwerk zeigt, was der Text behauptet. Eine Tautologie? Ende der Kunst?

Als produktiver Störenfried tritt der Rezipient auf, mit dem das Kunstwerk stets zu rechnen hat. Was hätte aber dieser davon, der Sehanleitung willig zu folgen? Er wäre zu nichts als stummer Affirmation verurteilt. Was er aber mitbringt, ist der Zweifel daran, dass das Material auf nichts als seine physikalische Beschaffenheit zu reduzieren ist. Es gibt kaum ein Ding, einen Stoff, der nicht bereits über eine kulturelle Beschaffenheit verfügt. Wie könnte man diesen Eigensinn außer Acht lassen.

Bildlich sind mehrere Versionen von *Threadwaste with Mirrors* überliefert, die auf offensichtliche Weise einander unähnlich sind, wenngleich die sie produzierende Geste identisch ist. Durch die Gegenüberstellung drängen sich geradezu die kulturell eingeschriebenen Bedeutungsdifferenzen des jeweiligen Fadenmaterials visuell auf.

3 »The Waste Land« ist der Titel eines Gedichts von T.S. Eliot.

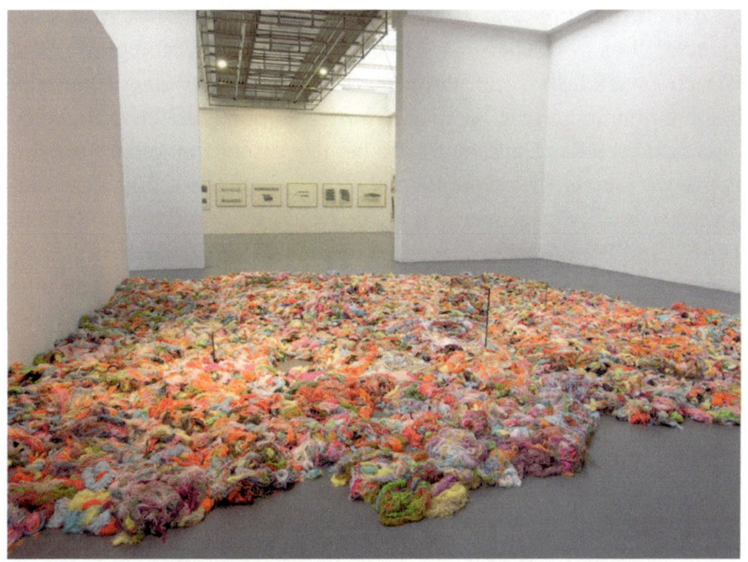

Robert Morris: Threadwaste with Mirrors, 2005.
(Pecci Center for Contemporary Art, Prato)

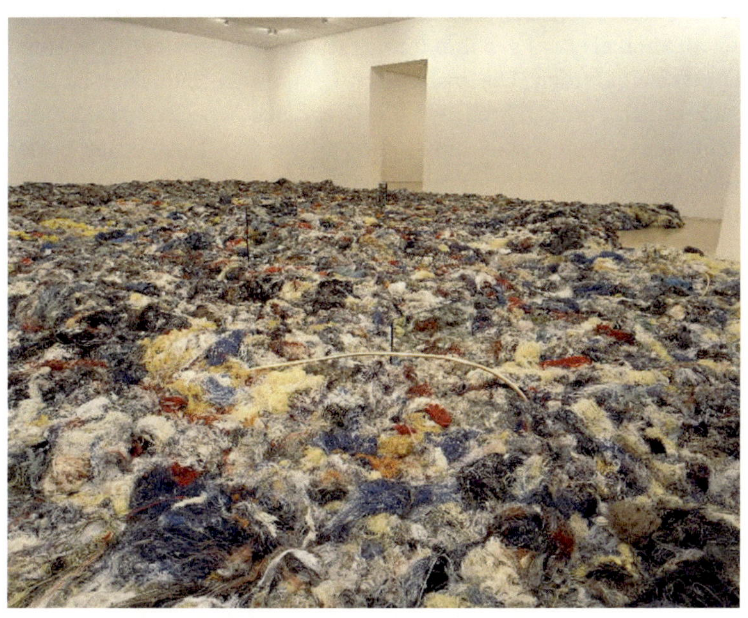

Robert Morris: Threadwaste with Mirrors, 2006.
(Musée d'Art Contemporain, Lyon)

Die Installation von 1968 wird auf den ersten Blick dem Titel gerecht: Was wir sehen, ist Abfall, *waste*. Die Farbfotografie lässt keinen Zweifel, dass hier ein Material vorliegt, das einer Industriehalde entnommen sein könnte. Morris' autobiografischer Hinweis, dass er diese oder ähnliche Stoffe bei der Eisenbahn kennen gelernt hatte, wo sie als Reservoir für Schmieröl fungierten, mit dem Radsatzgetriebe gewartet wurden, ist mehr als eine beiläufige Kontingenz. Der Transfer des Schmutzigen, der Verdauungsstoffe einer Industriekultur, in den *white cube* des Museums erzeugt schon eine Aussage. Der Abfall kann in der Anschauung nicht seine Sinngrenze bewahren, die dort verlaufen soll, wo allein das Industrielle als Antithese zum sublimierten Material des traditionellen Künstlers behauptet wird. In das Museum dringt eine Wirklichkeit ein, die zwar allgegenwärtig ist, jedoch auf Unsichtbarkeit hofft. In diesem Kontext ist erwähnenswert, dass zur gleichen Zeit die Popkünstler die Vorderseite der Konsumindustrie ausstellten, bunte Werbewelten, sexualisierte Waren, Verpackungsästhetik. Mit *Threadwaste* kommt der industrielle Hinterhof ins Museum und gewinnt unweigerlich eine kritische Potenz. Es ist die Zurücknahme der künstlerischen Durcharbeitung, durch die – gegen die formalistische Vehemenz – ein materialer Realismus inauguriert wird. Die Abfalllandschaft kann als *pars pro toto* für das Ausgestoßene oder Verworfene angeschaut werden. Die Installation könnte den Betrachter zu dem Augenblick zurückführen, wo die Dinge aus den Händen oder aus dem Blick geraten sind, um sinnlos zu werden. Dass genau dieser Moment fixiert wurde, erzeugt einen symbolischen Mehrwert: Morris entwirft ein melancholisches Bild, in dem Verfall und Schmutz in einer Kultur des immerjungen Warenscheins wirken.

Vergleicht man die amerikanische 1968er Installation mit der italienischen aus dem Jahr 2005, so hat sich der Eindruck des Industriellen, Abfallartigen und Abjektalen vollständig verflüchtigt. Buntes Fadenmaterial liegt ausgebreitet vor dem Betrachter. Die künstlichen Farben sind schrill und behaupten sich gegen die Vermischung, aus der kein unansehnliches Grau werden will. 1968 war die Abwesenheit von Farbe bewusste Wahl: Morris erwähnt, dass seine Mischung des Materials einer Auslöschung der Farbe gleichkam.[4] 2005 ist aus der farbfernen Fläche ein großes informelles Bild mit Flecken, Linien und Punkten geworden, das über den Boden ausgegossen wurde. Pollock revisited. Man assoziiert die Farben der Pop-Art, die 1968 noch negiert wurden, gewinnt den Eindruck des Spielerischen und einer Hinwendung zum Kitsch. Was man als Verharmlosung des ursprünglichen Bildes deuten könnte, zeigt aber vielleicht gerade den Wechsel der Referenz auf eine andere Wirklichkeit. Die Version *Threadwaste 2005* wurde in Prato, einer toskanischen Stadt, gezeigt. Morris hat das Land der Moderne und Industrie verlassen und findet sich im Kerngebiet der Renaissance wieder. Er hat seine ursprüngliche künstlerische Intention bewahrt und doch nimmt die Installation implizit eine Beziehung zum Licht des Südens sowie zu den farbenfrohen Fresken, leuchtenden Mosaiken und Tapisserien auf. Hat Morris dies beabsichtigt? Das Material bringt seinen Sinn ins Spiel – ganz eigensinnig. Dementsprechend wird in einer Pressemitteilung zu dieser Version festgestellt, dass *Threadwaste* eine spezifische Bedeutung für Prato besitze, wo einmal das Zentrum einer geschäftigen Faden- und Tuchindustrie angesiedelt war. Die hingeworfenen Fäden rufen also das Gedächtnis an, nehmen Semantiken aus der Umgebung auf und verlassen damit den reinen Kosmos einer auf Selbstreflexivität ausgerichteten Kunst.

Wiederum vollständig anders zeigt sich eine Version, die 2006 in Lyon zu sehen war. Es dominieren Grau- und Brauntöne, dazwischen gedecktes Rot, Blau, Gelb in melierter Brechung. Die Assoziation von Herbstfarben stellt sich ein, an eine Natur, die noch das Zittern des Sommers in sich trägt. Auch hier keine Spur von Schmutz oder Industrieabfall. Oder wird uns eine Anspielung an die Seidenweberei gegeben, für die Lyon während der Industrialisierung bekannt war und nun als museales Relikt ausgestellt wird?

Die Werke überschreiten den konzeptuellen Gehalt gegen ihren Schöpfer, rufen Bilder wach, die gerade nicht evoziert werden sollen. Es gibt einen Konservatismus des Sinns, der sich gegen die Tautologie oder die bloße Selbstreferenz zur Wehr setzt.

1969 postuliert Robert Morris das Ethos einer avantgardistischen Kunst: »Vielmehr enthüllt sich, daß Kunst selber eine Tätig-

4 Siehe »Robert Morris: oeuvres conservées dans la collection«, in: http://www.moca-lyon.org/vdl/sections/fr/expositions/2005-/robert_morris/?aIndex=1 vom 10. März 2007.

keit des Veränderns, der Desorientierung, des Verschiebens, der gewaltsamen Diskontinuität [...] ist.«[5]

Dass dies nicht immer gelingen kann, belegt gerade *Threadwaste with Mirrors* – eine Installation, die als grundlegend für diese Haltung des Verwirrens einstehen soll.

5 Robert Morris: »Anmerkungen über Skulptur IV« (1969), in: Charles Harrison, Paul Wood (Hg.), Kunsttheorie im 20. Jahrhundert, Band II, Ostfildern-Ruit 1998, S. 1061-1066 (hier: S. 1065).

RICHTLINIEN DER SCHÖNHEIT. MARCEL DUCHAMP

Führt man sich die Szene des Versuchs vor Augen, ist man zurückversetzt in die Zeit protowissenschaftlicher Versuchsreihen: Der Operateur hält einen Faden von einem Meter Länge gespannt. Er lässt den Faden aus einer Höhe von einem Meter auf eine horizontale Ebene fallen. Die zufällige Gestalt, die auf diese Weise entsteht, wird mit Kleber fixiert. Es folgen zwei weitere Versuche mit gleichem Ablauf; auch diese Ergebnisse werden fixiert.

Es ist bekanntlich Marcel Duchamp gewesen, der das scheinwissenschaftliche Experiment mit seinen willkürlichen Präzisionssignifikanten im Jahr 1913 durchführte. Die pataphysische Qualität dieser Pseudo-Wissenschaft ist ebenso kommentiert worden wie die Referenz auf das Zufallsprinzip, auf die nicht-euklidische Geometrie bewegter Körper, das Zeichnen ohne Hand, die Unnutzbarmachung funktionaler Objekte und die Frage der Standardisierung von Maßeinheiten. Dieser letzte Aspekt klingt im Titel an, den Duchamp seinem Objekt gegeben hat: *Trois Stoppages Étalon* (Drei Standard-Sperren). Der Titel erklärt sich aus den drei linealartigen Holzleisten, die 1918 hinzugefügt wurden und die den Linienschwung jeweils eines Fadens nachbilden.

Dass der Geschichte von den Zufallswürfen mit drei Fäden eine Fiktion zugrunde liegt, ist erst 1999 enthüllt worden.[1] Schon früh haben mehrere protokollgetreue Versuche von anderen Künstlern (u.a. John Cage) stattgefunden, die jedoch nie annähernd zu Resultaten führten, die Duchamp erzielte: den eleganten Schwung der Fäden. Erst in Folge dieser missglückten Nachahmungen wurde das Objekt Duchamps genau untersucht. Es stellte sich heraus, dass die Enden der Fäden mit der Leinwandunterlage vernäht sind und auch

1 Siehe Rhonda Roland Shearer, Stephen Jay Goul: »Hidden in Plain Sight: Duchamp's 3 Standard Stoppages, More Truly a ›Stoppage‹ (An Invisible Mending) Than We Ever Realized«, in: http://www.toutfait.com/issues/issue_1/News/stoppages.html vom 4. Januar 2006.

die behauptete exakte Länge von einem Meter um einige Zentimeter überschritten wird. Shearer und Goul weisen darauf hin – und hier wird der Titel doch wieder dem Objekt gerecht –, dass im Französischen das Wort *stoppage* soviel wie »unsichtbares Flicken« bedeutet.

Soweit die Historie. Diese allerdings verdunkelt mehr als sie aufklärt, denn mit der entdeckten Doppeldeutigkeit des Titels wird lediglich ein versteckter Verweis auf die tatsächliche Machart gegeben.

Zudem haben diese Rekonstruktionsversuche, die der Intention des Künstlers auf die Spur zu kommen hofften, den Charakter von Verführungsspielen, in die der Künstler die Nachahmer hineinlockte, um im letzten Moment doch wieder die Lösung und die Lust der finalen Enthüllung zu verweigern. Dagegen ist eine andere Reflexion, ein Vertrauen auf die Wahrnehmung einzuschalten und die emphatische Behauptung zu übernehmen, dass die *Trois Stoppages Étalon* etwas über die Bewegungen der Kunst sagen.

Das Wort von der »Bewegung der Kunst« ist missverständlich. Ist damit die immanente Bewegung im Objekt oder der Austausch mit anderen Werken der Kunst gemeint? Es wird sich zeigen, dass beides gilt. Ich beginne mit einer These, die im Kontext von Duchamps Werk nicht unmittelbar einleuchten wird:

Dass Duchamp das Lineal, die gerade Linie und folglich einen geometrischen Sachverhalt pervertiert sowie ironisch einen neuen Standard etabliert, ist nicht (oder zumindest nicht allein) als Verweis auf das Gebiet der Mathematik zu deuten. Die Auratisierung der fein geschwungenen und wohl auch sorgsam geplanten Fadenlinien in den Kästen bringt eher die Dimension der Schönheit ins Spiel. Es war ja schon das Begehren der Nachahmer, den Zufall, der durchgängig verworrene Fäden hervorbrachte, dazu zu bringen, die duchampsche Wellenlinie zu generieren. Der Eindruck des Leichten, Heiteren, Zarten und des Schwingenden mochte wohl das Faszinierende gewesen sein, den zu reproduzieren man sich bemühte. Die ästhetische Unmittelbarkeit sollte das Resultat des konzeptuellen Manövers sein. Die Gestaltung mag die Idee des Zufalls durch die Variation in den Fadenformen stützen. Doch zeigt die Skepsis der schönen Form gegenüber, dass der lose Faden zuerst mit Vorstellungen von Unordnung verknüpft wird. Die Schablonen sind in

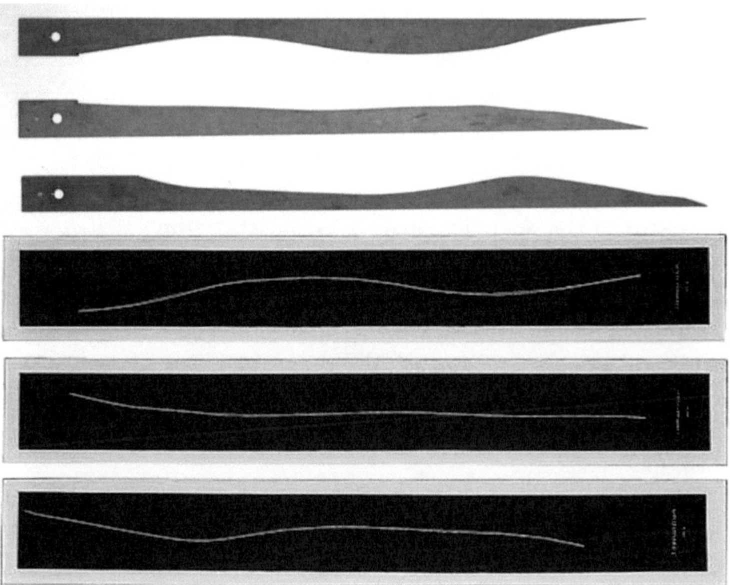

Marcel Duchamp: Trois Stoppages Étalon, 1913–14/1918.

dieser Hinsicht bedeutsam, denn in ihnen liegt nicht nur die Geste der Gestaltbarkeit zugrunde, sondern implizit auch die der Wiederholbarkeit und der Kanonisierung von Anmut. Der Zufall, der konzeptuell behauptet wurde, wird also durch das Objekt selbst wieder zunichte gemacht: Das störrische Nonjekt wird zum ästhetischen Projekt.

Soll man aus dem Gesagten die Schlussfolgerung ziehen, dass Duchamp mit seinem Objekt eine nicht-diskursive Ästhetik inszenierte? Es ist bis ins 19. Jahrhundert eine ehrwürdige philosophische Tradition gewesen, Schönheit zu bestimmen und zu begründen, was nichts anderes als den Versuch der Standardsetzung darstellt. Duchamp folgt letztlich – wie ironisch gebrochen auch immer – diesem Prinzip, wenn er die Nachahmung mit den *stoppages* nahe legt, also präskriptiv verfährt.

Das ist der Verweis auf die Dimension der Ästhetik. Es drängt sich darüber hinaus aber auch ein ikonografischer Anknüpfungspunkt auf. Man kommt nicht umhin, ein bekanntes Gemälde aus dem 18. Jahrhundert zu assoziieren, auf dem ebenfalls eine Wellenlinie abgebildet ist: William Hogarths *Der Maler und sein Mops* aus dem Jahr 1745.

Wichtig an dem Bild ist die Malerpalette im Vordergrund, auf der sich in dreidimensionaler Ausführung eine regelmäßig geschwungene Linie erhebt. Darunter findet sich erläuternd die Aufschrift: The LINE of BEAUTY And GRACE. W. H. 1745.

Neben der Formähnlichkeit ist es vor allem die Funktion der Linie, die das Bild vergleichbar mit Duchamps Erfindung macht: Hier wie dort ist sie ein bildimpliziter ästhetologischer Hinweis. Hogarth geht allerdings noch zwei Schritte weiter: Nicht nur bringt er eine erläuternde Legende im Bild an, er wird auch acht Jahre nach der Bildfertigstellung sein Traktat *Analysis of Beauty* publizieren, der direkter Abkömmling des Gemäldes ist.

Der kunsthistorische Kontext braucht hier nicht näher erläutert zu werden.[2] Erwähnenswert ist allerdings der Umstand, dass sich Hogarth damit in eine lange Tradition der malerischen und theoretischen Auseinandersetzung um die Linie – gerade oder geschwungen – stellt.

2 Siehe dazu die erhellenden Ausführungen von Peter Bexte: »Die Schönheit der Analyse«, in: William Hogarth, Die Analyse der Schönheit, Dresden 1995, S. 212-228.

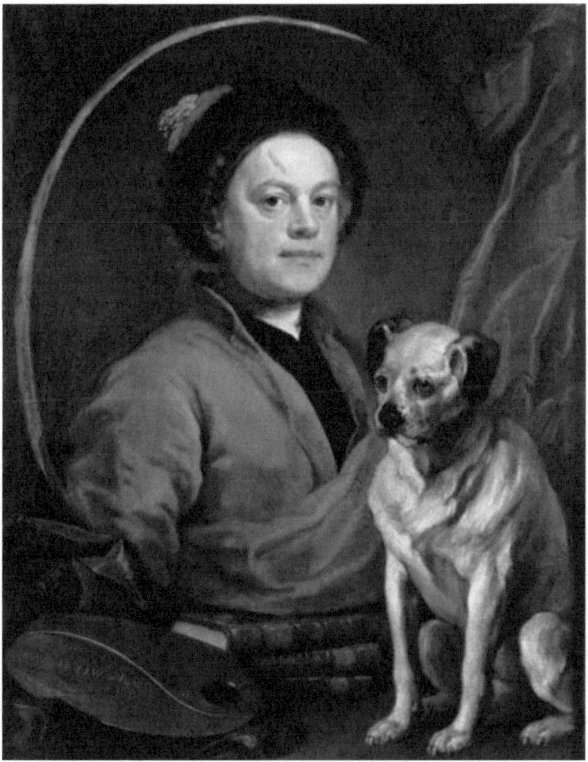

William Hogarth: Der Maler und sein Mops, 1745.

Mag sich Hogarth in seiner aufklärerischen Explizitheit auch von Duchamp klar unterscheiden, der eher das mehrschneidige Spiel betreibt, so ist dennoch eine künstlerische Genealogie unübersehbar. Dies allzumal, als beide in der Linie ein formalisiertes Grundmuster oder Schema zeigen. Oder moderner gesprochen: Die Linie ist das Konzept. Gewiss, die grundlegenden Ideen sind einander entgegengesetzt: Duchamp leitet aus dem Zufall ein ästhetisches Prinzip ab, der Maler des 18. Jahrhunderts setzt epochenkonform auf das Ebenmaß. Aber kann man vor dem Hintergrund der jahrhundertelangen Auseinandersetzung sagen, dass die Frage der Schönheit bei Duchamp ausgeschaltet ist? Es bleibt der Tatbestand bestehen, dass seine Fäden aufgrund ihrer Anschließbarkeit an die Tradition weiterhin das Problem, was es mit der Schönheit auf sich habe, wach halten. Beide Werke lassen sich als Disputanten gegenüberstellen, wobei überraschende Annäherungen und Differenzen hervortreten.

Einerseits: Hogarths Linie lässt sich aus heutiger Perspektive wie eine Vorwegnahme der Abstraktion begreifen; Duchamps Übernahme der Linie wirkt wie ein Nachhall normativer Ästhetik. Andererseits: Wenn Hogarth als Untertitel für sein Buch »Fixing the fluctuating ideas of taste« einsetzt und er auf dem Bild die Linie in dinghafter Festigkeit zeigt, dann ist Duchamps Verwendung von weichem Fadenmaterial wie eine Antithese. Der Faden fluktuiert. Zumindest gibt es eine Spannung zwischen der Fixierung und der Beweglichkeit, zwischen der Beherrschung und der Indetermination.

Insofern ist die Materialqualität von Textil (Faden) und Holz (Schablone) signifikant: Duchamp steht nicht nur in Auseinandersetzung mit seinem Vorläufer, er inszeniert immanent den Disput zwischen Normästhetik und freier Erfindung. In diesem Sinne erweist sich der Moderne als Dialektiker: Er macht aus der Indetermination keine neue Ästhetik, die sich der der fixierten Schönheit einfach entgegensetzt, er rechnet als unabdingbare Voraussetzung mit ihr und plant sie mit ein. Insofern sind die *Trois Stoppages Étalon* tatsächlich mehr als ihr Eindruck, den sie vermitteln. Als Konzeptkunst machen sie eine theoretische Aussage über das Schöne: Das Schöne ist, um überhaupt wahrgenommen zu werden, immer an Normhaftigkeit gebunden; mehr noch, der Rezipient verfügt über ein Wissen von der Norm, die ihn sein Urteil fällen lässt. Die geschwungenen Fäden lassen sich in dieser Hinsicht als Realisierung eines Schönheitskonzepts deuten, das mit den Linealen – Karikaturen der Normierung – vorgegeben wird.

Was besagt das über die Fäden? Diese Fäden, armseliges Material, mögen als Linien taugen, als materialsinnliche Sache kommen sie nicht in Frage. Die Ästhetik der Schönheit sieht sie nicht, denn als bloßer Stoff sind sie hässlich.

Trauriges Bild. Hans Bellmer

Die Fäden schneiden ins Fleisch, die Haut wirft Falten, Muster zeichnen sich auf Beinen, Brust und Po. Der Faden als Messer, als Zeichenstift, als Modellierspatel? Der Körper gibt das Bild einer Uneinheitlichkeit, einer experimentellen Hässlichkeit, die das Image des Heilen unterläuft.

Vor der weiteren Erörterung ein Zitat:

»Meine Schöne, Deine Verwirrung, Dich vor meinen Augen zu entblättern, wohl um dich selbst zu zergliedern, sie konnte gestern Abend nicht triumphierender sein. – Du sahst aber kaum noch – oder hieltest es für belanglos – wie reizend das Ungeduld-Spiel der hundert hellen Knöchelchen Deines Fußes vom dunklen Samt Deiner Eingeweide abstach.
Willst du, daß wir morgen den Hut mit den fast schwarzen Tulpen Deines Schoßes schmücken und daß wir diesmal versuchen, Deine Haut von den Hüften ab zärtlich den Rücken entlang emporziehen, bis sie das Gesicht, aber nicht Dein Lächeln verschleiert?«[1]

Hans Bellmer beginnt 1942 mit der Abfassung eines Textes, der später unter dem Titel *L'Anatomie De L'Image* erscheinen wird. Erst 1954 schließt er die Arbeit an dieser Abhandlung ab. Ein Jahr zuvor, 1953, hat Bellmer die Schriftstellerin Unica Zürn kennengelernt; beide werden fortan als Paar beieinander bleiben – bis zum Selbstmord Zürns. Das Traktat über die Anatomie des Bildes weist zwei kursiv gesetzte Einfügungen auf, aus denen das einleitende Zitat entnommen wurde.

Ein Tagtraum oder die Schilderung einer Begegnung in Form eines Prosagedichtes? Wir wissen, dass irgendwann in den 1950er Jahren Bellmer die geschnürte Unica Zürn auf einer Reihe von Fotografien festgehalten hat.[2]

---

1 Hans Bellmer: Die Puppe, Frankfurt a.M., Berlin, Wien 1983, S. 100.

2 Hans Bellmer: Photographien, München 1983, S. 117-127.

Für den Leser/Betrachter schieben sich Text und Bilder übereinander, sie erhalten den Charakter aufeinander weisender Kommentare.

Was sich unmittelbar an ihnen verstehen lässt, ist die in Form gegossene Projektion eines begierigen Blickes. Im Jargon eines Liebenden artikuliert Bellmer die Sehnsucht, aus der Geliebten eine Skulptur der Reize zu machen. Was auf den ersten Blick wie eine Fesselung wirkt, ist in der Intention des Künstlers das genaue Gegenteil. Die Fotografien zeigen in der Mehrzahl eingebundene Torsos, ins Fleisch schneidende Fäden – und nicht zusammengeknüpfte Arme und Beine. Folgt man dem Kommentar Bellmers, so wird an seinem *Model* die Zergliederung praktiziert, die Neugestaltung und der Umbau des Körpers. Das ist etwas anderes als eine Fesselung.

Und dennoch bleibt der Eindruck, dass etwas festgehalten werden soll. Schmerz ist im Bild.

Unter künstlerischem Gesichtspunkt ist es nicht belanglos, dass die Unmittelbarkeit der Fotografie dem surrealen Stil des Textes widerspricht: Der Realismus des fotografischen Genres evoziert einen nackten, obszönen, leidenden Körper und eben nicht eine in Szene gesetzte ästhetische Idee. Doch auch jenseits der Referentialität schafft es das Bild nicht, eine Verführungskraft für den Betrachter zu entfalten. Die ungeschönte Erotik wird von einem kalten Unterstrom begleitet. Die Fotos wollen nicht illusionär sein, sondern sie wollen allem Anschein nach etwas beweisen.

Unica Zürn hat sich entblättert, vor seinen Augen, und sie hält die Schnur, die sie zergliedert. Wer hat ihre Hand geführt bei diesem Akt der Neuregelung?

»Willst Du ...?« fragt das Text-Ich die Namenlose. Hat sie ihm je geantwortet; hat er überhaupt eine Antwort vernehmen wollen? Seine Frage mag nicht mehr als Rhetorik, Überredungskunst sein, die lediglich Spiegel seiner Gewissheit ist.

Rasch ließe sich urteilen: Hier handelt es sich um ein Spiel der Perversion, um die Lust an den Teilstücken, an der Verwirrung des Objekts, das sich selbst einschnürt.

Es bleibt aber das grundsätzliche Rätsel des Bildes, das nie auf direkte Weise eine Wahrheit zur Verfügung stellt. Sagt die Fotografie etwas über das Bildobjekt, das sich zum Gegenstand einer Idee macht? Oder spricht es allein von den Begierden des Fotografen?

Keine Fotografie ist unschuldig in ihrer Aussage, sie wird stets zum Kreuzpunkt von Interpretationen, Kommentaren, Zuweisungen.

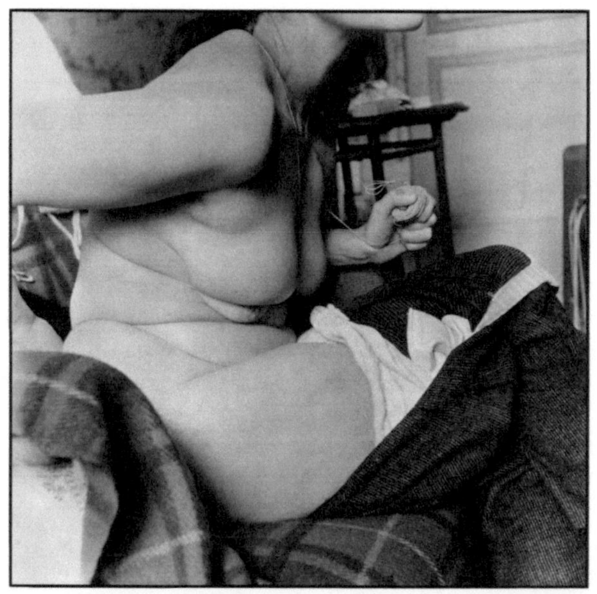

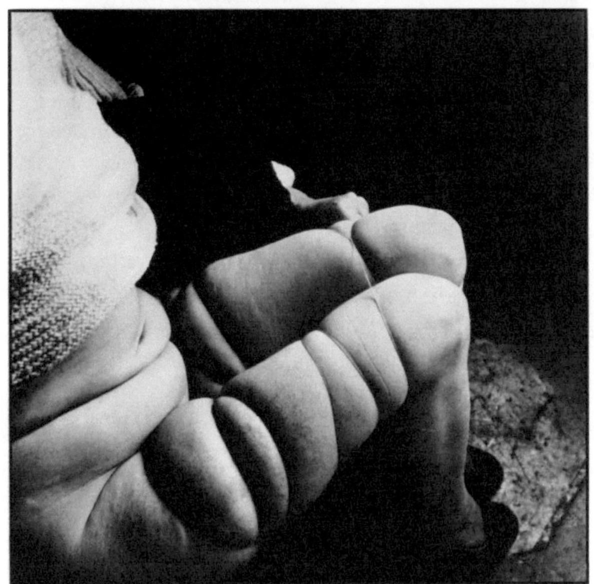

Hans Bellmer: Unica, 1958.

Die Fotografie, die Bellmer und Zürn zusammenfügt, kann mit Recht gelesen werden als Kreuzpunkt nicht nur der Texte Bellmers, sondern ebenso der Texte Zürns. In dieser Stellung erhält die Fotografie einen antinomischen Gehalt: Das Bild erlangt aus der Position des Fotografen-Subjekts den Status einer Erkenntnis, aus der Position des Fotografierten-Objekts den einer Traurigkeit. Die Erkenntnishaltung schreibt sich nieder wie folgt:

»Wenn die Frau einmal das Niveau ihrer experimentellen Berufung erreicht haben wird, Permutationen, algebraischen Versprechungen zugänglich und geneigt sein wird, transsubstantiellen Launen nachzugeben, sobald sie dehnbar, schrumpfbar sein wird, mit einer Epidermis und mit Gelenken, die den natürlichen Ungelegenheiten der verzögerten Montage oder Demontage gewachsen sind, dann erst werden wir uns über die Anatomie des Begehrens endgültig klar werden können, besser als wir es durch die praktische Übung der Liebe vermögen.«[3]

Was Bellmer antreibt, ist nicht das gewöhnliche perverse Begehren, sondern das Begehren, das Begehren zu erkennen. Die Frau als Montage ist die Repräsentation eines Wissens und nicht das Versprechen einer Seinsweise. Das Bild ist die Vorlage für eine Epistemologie der Sehweise. Die Praxis der Liebe mutet ihm arm an, denn was vermag sie anderes, als vergessen zu machen. Der an der Liebe Beteiligte sieht wohl allerhand, aber kaum ist er zur Erkenntnis in der Lage. Erkenntnis darf sich nicht bestricken lassen. Unica Zürn hat den Text Bellmers mit einem knappen Kommentar versehen: »C'est un livre pour hommes.«[4] Der Satz widerspricht nicht dem Erkenntnisanspruch, den der Text und das Bild erheben, der Anspruch wird jedoch auf einen Anderen-Platz verwiesen, dorthin, wo sie, Zürn, nicht ist.

Der Text sagt das Gleiche in verhohlener Form: Die Frau bleibt ohne Erkenntnis, weil sie für belanglos hält, was sie sieht. Aber wie könnte sie ihren Leib betrachten, wie der Mann ihn betrachtet. Bellmer scheint die Frau als Komplizin seines Wissenstriebes zu erwünschen. Doch selbst der Wunsch zu sein, was der Wunsch des anderen ist, kann nur auf unwahrscheinliche Weise Erfüllung finden, denn wie soll der Mann/die Frau wissen, was den anderen träumen lässt.

---

3 Bellmer: Puppe, S. 92.

4 Unica Zürn: Das Weiße mit dem roten Punkt, Berlin 1981, S. 230.

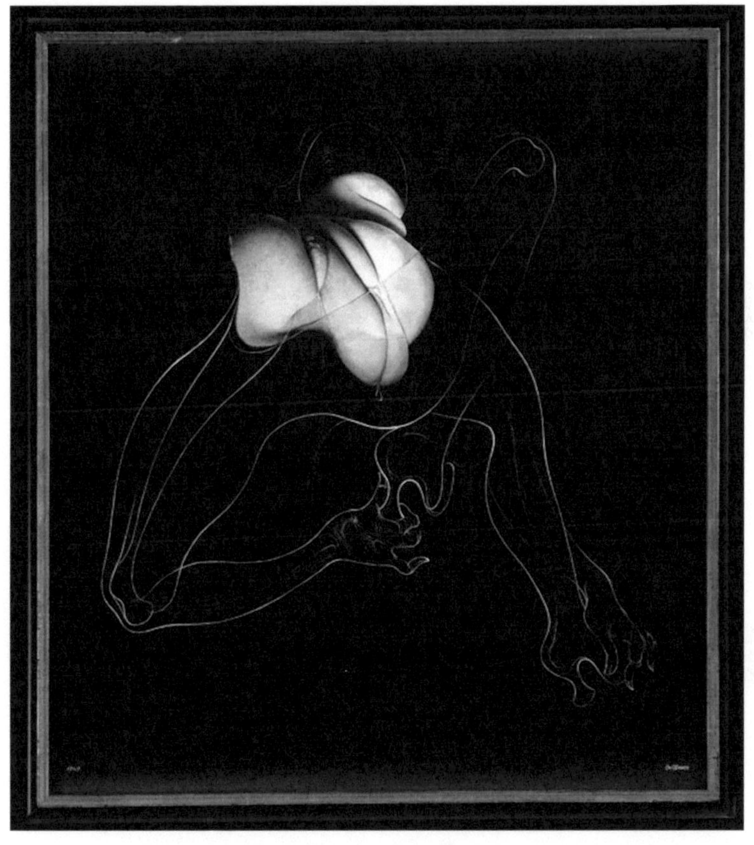

Hans Bellmer: Unica, 1959.

Das Scheitern ist ablesbar an einem Bild Bellmers und an den Texten der Schriftstellerin Zürn.

In einer Montage hat Bellmer einen Fotoausschnitt des geschnürten Körpers mit einer Zeichnung kombiniert. Die Linien des Fadens scheinen sich im gemorphten Körper fortzusetzen. Die angedeutete Geschlechtlichkeit des fleischlichen Partials geht über in die Freiheit des Körperkonstrukts, das den Aussagen des Traktats entspricht: Visioniert wird eine Frau, die den »transsubstantiellen Launen« nachgibt. Analyse und fantastische Rekombination der Anatomie, das ist es, was Bellmer mit Mitteln des Fadens und des Strichs betreibt.

Und Zürn? Meine These: Sie ist das traurige Objekt der Fotografie. Die Traurigkeit hat ihren Grund nicht in dem abwesenden Lächeln, nicht in der Abkehr und Nicht-Existenz des Gesichtes, das uns als Sinnbild der Würde der Einzigartigkeit erscheint, nicht in der Andeutung der Verletzbarkeit des Leibes. Traurig ist das Bild, weil es jeder Ähnlichkeit mit ihren Phantasmen entsagt. Ihr Wunsch, den sie wiederholt in ihrer Literatur ausspricht, ist dieser: dem Frausein zu entfliehen. Dazu gehört die Halluzination von dem Mann, dem sie seit ihrem sechsten Lebensjahr die Treue hält. Ihre Liebe gehört dem weißen Mann im Jasmin, der gelähmt ist, passiv und distanziert, dem sie zu Füßen sitzt, der belehrt und dem sie lauscht: Sie lässt sich von einem überschauenden Blick streifen und fühlt sich von einer Stimme umkleidet. Keine Gewalt der Nähe. Nähe kann nicht anders, als sich in der Einzelheit zu verlieren. Nähe fordert: dein Mund, deine Hand, deine Brust, etc. Die Werkzeuge des Begehrens (Auge, Mund, Haut) verstehen es nicht, das Ganze als Ganzes zu nehmen, sie fügen das Teil zum Teil. Bellmer: »Ein Rückblick bestätigt uns beiläufig, daß das Verlangen [...] nicht vom Gesamteindruck, sondern von der Einzelheit ausgeht.«[5]

Zürn begehrt nicht das Begehren, sondern die Liebe, die etwas anderes will, etwas ganz und gar Unmögliches. Die Liebe will das Ganze, in das das Subjekt sich einpuppt. Ohne die Illusion des ganzen Bildes bleibt die Liebe Mangelerzeuger. Vor der Leere nimmt das Ich Zuflucht zu symbolischen Substituten.

»Das Rauchen hat etwas mit der Liebe zu tun [...] Sie atmet mit der Sehnsucht, gefüllt zu werden, sich durchdringen zu lassen, den Rauch tief in ihre Lungen ein und atmet ihn aus und atmet ihn ein, seit Jahren, seit Jah-

5 Bellmer: Puppe, 91.

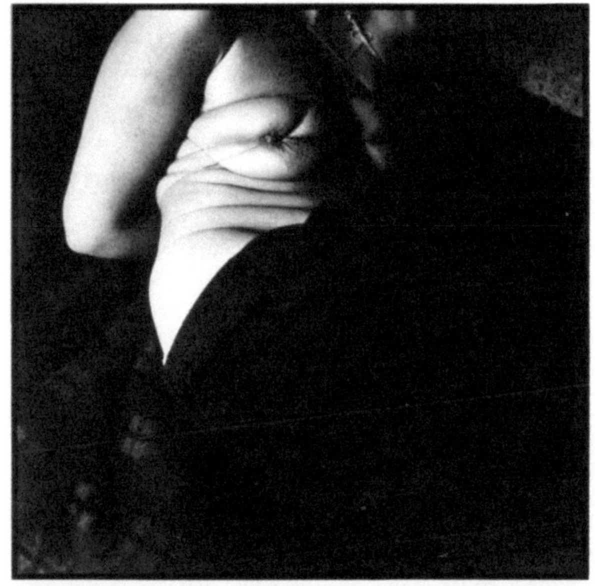

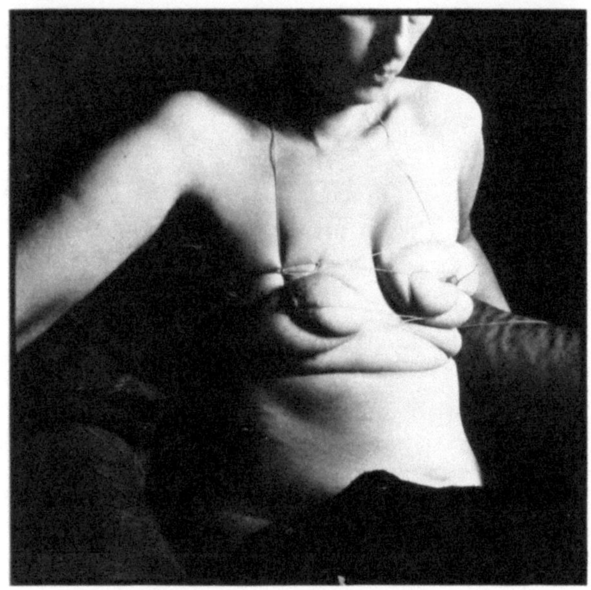

Hans Bellmer: Unica, 1958.

ren, ohne ihren Durst zu stillen [...] Was die Liebe betrifft, so findet sie sie auch im Meer, das fähig ist, einen Menschen vollkommen zu umarmen, ihn zu tragen und das Gefühl des Schwebens zu vermitteln.«[6]

Von etwas umhüllt sein und von etwas ausgefüllt sein: Das ist die große ungeschlechtliche Liebe. Dieses grandiose Bild muss sie einsam machen vor dem Verlangen des Mannes, der ihre Weiblichkeit durch die Schnüre um ihren Leib vervielfältigt, der aufgequollene Fleischpolster, unregelmäßige, sphärische Dreiecke hervorbringt, lange Falten und unreine Lippen, nie gesehene Brüste an unsagbaren Stellen vervielfacht.[7]

Die Fotografie und die Montage zeigen die multiplizierte obszöne Frau, ein Wesen, das monströs sein muss für diejenige, der das Geschlecht der Inbegriff der Unvollständigkeit ist. Die Vervielfältigung der Unvollständigkeit hier und die vereinheitlichende Vervollkommnung dort sind zwei unmögliche Wünsche. Das Zusammentreffen beider müsste die Wünschenden mit einem Vergeblichkeitsschock treffen, der sie mit einer hermetischen Trauer imprägniert.

Unica Zürn stellt einem ihrer Texte ein Motto voran, das die Vergeblichkeit einer Übereinkunft zur Sprache bringt, mehr noch, das das Trauma der Illusionslosigkeit einlöst in Differenzlosigkeit: »Indem ich alle Hoffnung auf Wärme aufgebe, morde ich die Kälte.«[8]

Der Satz ist wie die Ankündigung des Selbstmordes, den sie 1970 begehen wird. Und es drängt sich die Ahnung auf, was der (zergliederte) Leib ihr bedeutet haben mag: Nichts.

---

6 Unica Zürn: Der Mann im Jasmin, Berlin 1985, S. 124-125.

7 Bellmer: Puppe, S. 92.

8 Zürn: Das Weiße, S. 83.

Leichentücher, Schleier. Christo

Das Wort von der Verpackungskunst ist inzwischen Konvention geworden. Ein treffender Terminus? Was wäre der Unterschied, spräche man von Verhüllung, Maskierung, Verschleierung? Aber vielleicht sind auch das nur Synonyme, die auf einen Körper verweisen, der ohne eine Hülle nackt, wahrhaftiger, verwirrender wäre. Ist damit das Entscheidende ausgesprochen?

Was ich sehe: An die Stelle des Körpers treten Falten, weiche Kanten, fließende Flächen. Das Objekt wird abstrakt. Der Künstler *malt* mit seinem Stoff monochrome dreidimensionale Bilder. Die Ablenkung auf die Kleidung, auf das Textil und ihre Auratisierung ließe sich deuten als eine Strategie der Fetischisierung, in der die libidinöse Aufladung und das betörende Spiel damit ebenso zum Spektrum der Erfahrung gehören wie die Ironisierung.

Vieles ist gesagt worden über die Symbolik der Verkleidung, über das Wahrnehmen jenseits des Sehens, über die Schönheit der christoschen Objekte, über ihre Erotik.

So viel Aufmerksamkeit ist dem textilen Material gewidmet worden, das ein Leuchten um die unsichtbaren Dinge erzeugt. Man hat die Farbe, die Textur, die Reflexionsfähigkeit begutachtet. Warum jedoch ist so wenig über die Fäden, Schnüre und Taue, über die Knoten und Verspannungen zu sagen, die ebenso zur Strategie und Ästhetik gehören? Fast scheinen sie zu verschwinden, scheinen weder Eigenschaft noch ästhetische Funktion zu besitzen.

Liegt es daran, dass Christos große Hüllenobjekte den Zuschauer auf Distanz bringen? Ein eingepackter Brunnen, eine Brücke, ein Gebäude, ein Baum, eine Küste – sie alle wollen in ihrer Totalität betrachtet werden. Trotz ihrer monumentalen Präsenz (oder gerade deswegen?) entziehen sie sich dem Tastsinn. Wer möchte sie mit den Fingerspitzen berühren, das Darunter erspüren?

Nicht der Stoff trennt; es ist die Distanz, die der Betrachter einzunehmen gezwungen ist.

Dabei beginnt alles mit einer Berührung, die aufs Engste mit den Schnüren verknüpft ist. Als Christo Ende der 1950er Jahre seine ersten Objekte einhüllt, sind es alltägliche Dinge wie Dose, Stuhl, Tisch, Zeitschrift oder Flasche. Dinge, die wir anfassen, wiegen, streicheln können, die vertraut sind. Doch auch der Akt der Verkleidung selbst ist durch und durch taktil: das Objekt wenden, es umwickeln, die Schnüre binden und knoten. Fast ein gewalttätiger Vorgang.

Im Prozess der Herstellung durchlaufen die Schnüre eine bemerkenswerte Metamorphose: Am Anfang sind sie Werkzeug, fungieren als Fortsetzung der Hand des Plastikers. Wo der traditionelle Plastiker es gewohnt ist, weiches Material wie Ton, Gips oder Wachs zu modellieren, dort nutzt Christo die Fäden, die sich nun statt der Finger oder des Handballens in den Stoff drücken, die Formen hervorbringen – um am Ende selbst in die Form überzugehen. Das Handwerkszeug wird Kunstzeug. Bei dieser Verwandlung wechseln die Schnüre ihren Aggregatzustand von flüssig zu fest. Das Weiche handelt, das Harte wird Sinnbild.

Die Schnüre sind mehr als Verbrauchsmaterial, sie gehören zum Kunstwerk und stiften seinen Sinn ebenso wie die textile Umhüllung. Ihre Spannungshärte gibt ihnen den Charakter des Skulpturalen, sie verbinden sich mit dem festen Objekt hinter der Verkleidung.

Man könnte auch sagen, dass die Schnüre und Fäden das Medium sind, mit denen die Form abgenommen wird: sie geben Kontur, schneiden in Winkel, vermitteln das Objekt. Daher auch die Überfülle an Bindematerial. Wäre es allein dazu gedacht, den Verpackungsstoff festzuhalten, es bräuchte nicht diese Menge. Gerade bei den früheren Arbeiten tendiert die Schnur dazu, die Weichheit des Verhüllmaterials zu überspielen.

Die Wandlung von weich zu hart und von Subjekt zu Objekt ist kein bloß formaler Vorgang: Den Objekten ist eine unheimliche Stille eigen, eine Aura des Toten. Sie unterbinden das Sprechen, die Bewegung, den Atem. Eine Sache wird stranguliert, entlebendigt. Was wir sehen, sind positive Abdrücke eines Leichnams.

Die Berührung zum Tod, die Berührung des Toten. Simulakren sind es allerdings nicht, die bei Christo entstehen, keine täuschenden Ab-Bilder wie bei der Hl. Veronika, die Christus (welch eine Koinzidenz der Namen) ein Tuch reichte, mit dem er sein von Schweiß und Blut bedecktes Gesicht abwischte. Der Legende nach

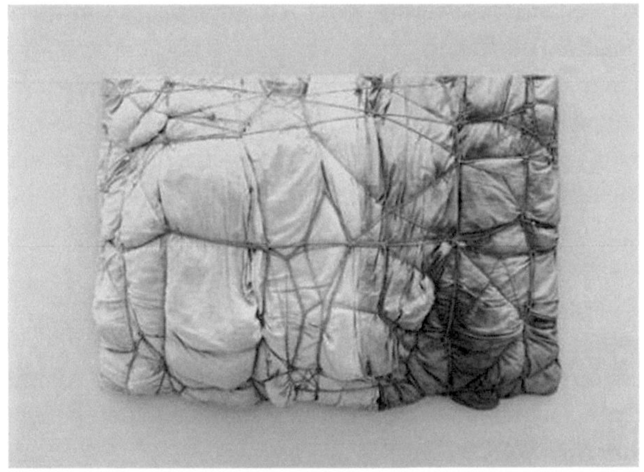

Christo: Paket, 1961.

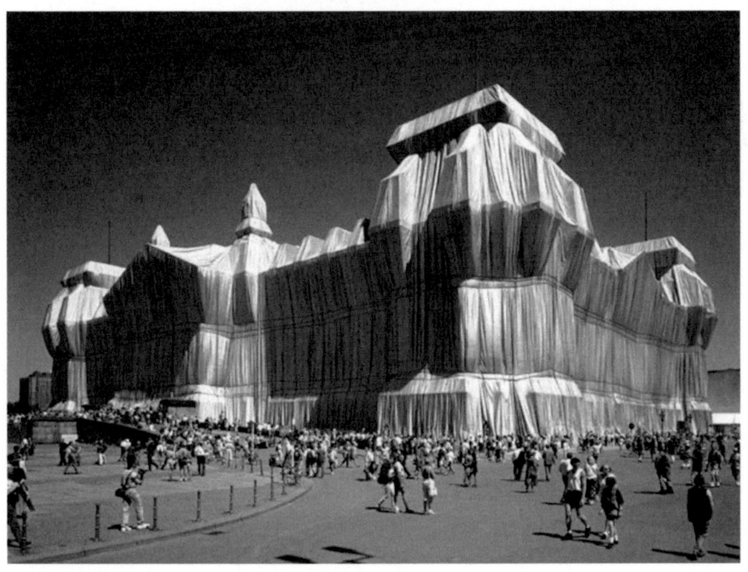

Christo: Wrapped Reichstag, 1995.

war anschließend das Antlitz ins Tuch imprimiert und der Augenblick vor dem Tod fixiert.

Die Schnüre pressen das Tuch an die Dinge, um sie zu ersticken und um ihnen im gleichen Akt eine Erinnerungshülle zu verpassen. Die visuelle Ästhetisierung, die so vonstatten geht, ist auch eine Anästhetisierung: Das Konkrete der Dinge, ihre Farben und Gestaltfeinheiten, ihre Fühlbarkeit, ihr Geruch und ihre Klanglichkeit werden verdeckt. Unbrauchbar geworden kann man mit den Dingen nicht mehr leben, man kann sie nur noch aufbahren.

Wie sonderbar, dass der Zorn der frühen Arbeiten, in denen eine wilde Geste des Schnürens auszumachen ist, bei den späteren Monumenten verschwindet. Die Hässlichkeit der kleinen Dinge weicht einer *beautification* des Großen.

Der Strang dominiert nicht mehr und man könnte glauben, dass der Tod nun überstrahlt wird von Schönheit und Spektakel. Das Taktile – riskant und verführerisch, gewalttätig und liebevoll – verschwindet in der Distanz und im Monument. Dass die großen Werke terminierte Ereignisse darstellen, wohingegen die frühen Arbeiten auf Permanenz gegründet sind, zeugt von einem grundlegenden Bedeutungswandel der Hülle und der Schnüre.

Das Leichentuch ist nun ein Schleier geworden. Die kleinen Objekte sind auf Dauer begraben; die Monumente verführen mit einer attraktiven Bekleidung, die wieder beiseite geschoben wird: Die Knoten lösen, die Hülle fallen lassen. Ein gigantischer Erotismus. Was an dieser Strategie fasziniert, ist vielleicht nicht der Modus des Verhülltseins, sondern dass sie die Verheißung eines Bildes entwirft, das den Tod verleugnet.

Distanzaufhebung. Cornelia Parker

Als die englische Künstlerin Cornelia Parker eine Schnur von einer Meile Länge um die berühmte Skulptur *Der Kuss* von Auguste Rodin gewickelt hatte, gab es sogleich den Hinweis auf Duchamps Installation *Sixteen Miles of String* aus dem Jahre 1942.[1] Die gleiche Geste der Störung, der Blickverhängung wie auch, so wäre hinzuzufügen, der Blickverfügung: Die zirkelnde Schnur um die Skulptur zeichnet nach oder gibt vor die umrundenden Bewegungen und Blickwanderungen, die der Museumsbesucher ausführt. Solches Nachstellen einer 60 Jahre alten Kunstaktion wäre kaum mehr als ein postmodernes Zitat ohne sonderliche Reichweite.

Eine mehr existenznahe Interpretation sieht in der Fesselung der Liebenden einen künstlerischen Kommentar auf die klaustrophobische Dimension von Beziehungen: das Band der Liebe als Hindernis einer Entfaltung individueller Freiheitswünsche. Ob sie es intendiert oder nicht, diese an der modernen Soziologie geschulte Sicht der Liebe als paradoxale Wunschrealisierung von Symbiose in einer Gesellschaft autonomisierter Individuen verwandelt das Kunstwerk in eine bloße Illustration dieses Sachverhalts.

Dass Cornelia Parker anderes im Sinn gehabt haben mag, deutet der Titel an, der dem Sujet eine verrätselnde Dimension zufügt: *The Distance: A Kiss With Added String*.

Nichts an der Skulptur, weder in der rodinschen Reinform noch in der Bearbeitung, weist Aspekte der Distanz auf. Wie kann dieser Widersinn zwischen Wort und Bild aufgelöst werden? Nehmen wir einen Umweg für eine These, die aus der Struktur anderer Arbeiten Parkers abzuleiten ist.

---

1 Siehe »Der verhängte Blick« in diesem Band.

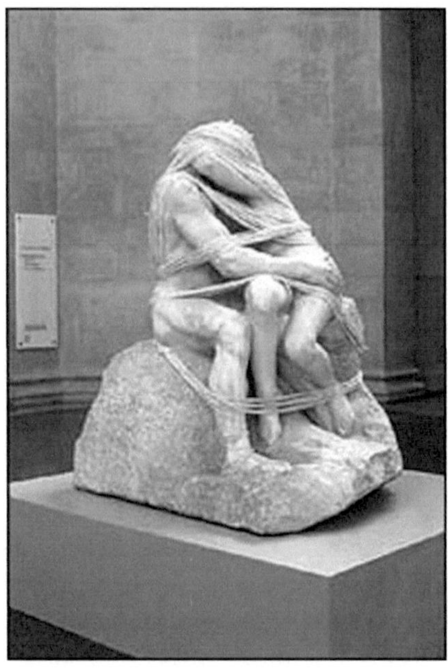

Cornelia Parker: The Distance: A Kiss With Added String, 2003.

Schnüre und Fäden spielen im Oeuvre der Künstlerin eine wichtige Rolle. In mehreren Werken übernehmen sie eine haltende und verbindende Funktion. Ausgangspunkt ist immer ein Moment der Gewalt, aus der Zerrissenheit, Zerstörung und Partikularisierung entspringen. Exemplarisch für ihr Vorgehen ist *Cold Dark Matter: An Exploded View*. Parker hat 1991 eine Gartenhütte von der britischen Armee sprengen lassen. Die Fragmente wurden zusammengesammelt und an Fäden hängend neu montiert. Ähnlich auch in *Mass (Colder Darker Matter)*, in der die verkohlten Stücke einer Kirche aus Texas, die vom Blitz getroffen wurde, als schwarzes Memento erscheinen.

Was entsteht, sind luftig-schwebende Gespenster des ursprünglichen massiven Objekts. Andeutungen des Ganzen stehen in Kontrast mit der aufgelösten Form. Die Fäden sind die Medien einer Zusammenführung, ohne das Heil zu restituieren.

Cornelia Parker unternimmt also den Versuch, das, was auseinandergesprengt ist, wieder zu fügen und festzuhalten. Diese Handlung ist deutbar als liebende Geste nach der Katastrophe, eine Würdigung des schon verloren Geglaubten.

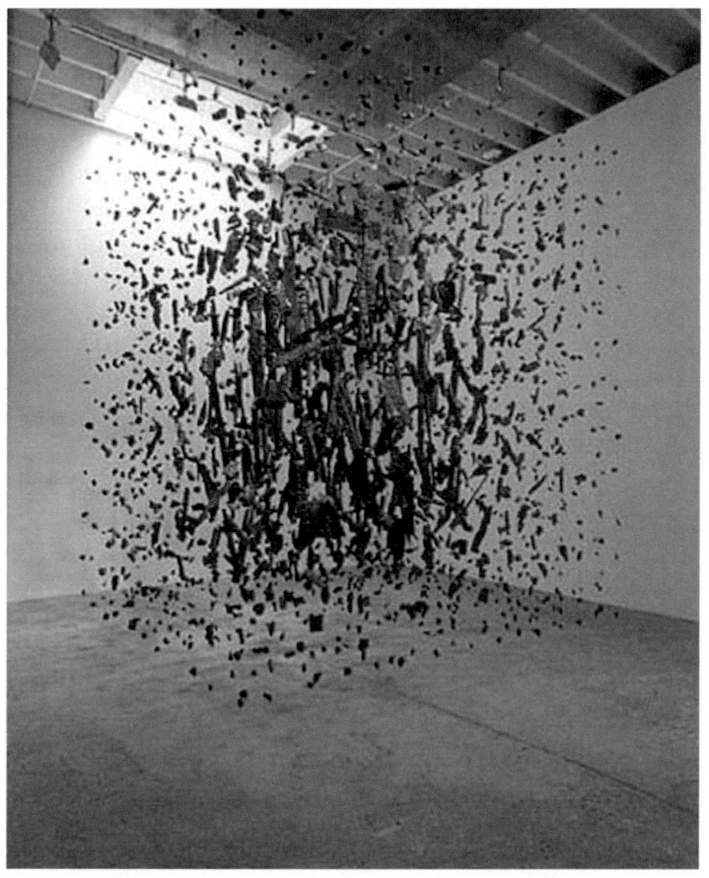

Cornelia Parker: Mass (Colder Darker Matter), 1997.

Auf ganz andere Weise – eher konzeptuell als sinnlich-skulptural – wird der Faden in zwei Arbeiten thematisiert, die sich gleichwohl in die parkersche Logik des Zusammenschließens fügen.

In *Three Fathoms and a Thimble* wird auf humorvolle Weise eine erotische Vereinigung des ehedem Zwistigen vollzogen: Ein silberner Fingerhut, der einmal die Nadel wieder und wieder anstieß und von sich wies, wurde zu einem dünnen Faden verarbeitet, um nun, durch das Nadelöhr gezogen, in inniger Vereinigung mit der Nadel zu existieren und sie spielerisch zu umschlingen. Man möchte meinen, ein Märchen wird hier erzählt, in dem die Dinge sich gegen ihren Schein als etwas ganz anderes entpuppen. Ist es im Märchen die Magie, die die Verwandlung und in Folge die Liebe bewirkt, ist es jetzt die Künstlerin, die die Welt verwandelt und neu zusammensetzt.

Auch in *Measuring Liberty with a Dollar* wird ein Faden aus einem Stück Metall gefertigt. Wie der Titel sagt, ist es eine Dollarmünze, die nun derart in die Länge gezogen ist, dass sie der Höhe der Freiheitsstatue vor New York entspricht. »Freiheit messen« heißt es ironisch im Titel.

Übergeht man die eingängige Kapitalismuskritik, die sich darin artikuliert, so fällt doch wieder die Strategie der Zusammenfügung des Auseinanderliegenden auf. Der Faden ist das Produkt einer Zerstörung, wird aber darin dem pathetischen Symbol angeglichen. Der Faden koppelt metaphorisch die Kälte des Monetarismus mit der Wärme einer Verheißung.

Geben diese Beispiele nicht genügend Projektionskraft, um mit ihr die irritierte Rodin-Skulptur aufzufassen? *The Distance: A Kiss With Added String* lässt in diesem Licht kaum einen Zweifel, dass für Parker die Liebenden weniger klaustrophobisch Eingesperrte sind, sondern in ihnen schon die Sprengkraft der Trennung haust. Die Liebe als imaginärer Illusionsraum, in dem das einander Fremde sich begegnet und mit aller Macht die Trennung aufgehoben werden soll, führt als unsichtbare Drohung stets das Auseinanderstreben mit sich. Das Misslingen, die Ent-Täuschung, die Erkenntnis der Einsamkeit mit dem Anderen: Das Tau ließe sich als Hinweiszeichen auf dieses Unsichtbare destruktiver Bedrohung deuten. Folglich wäre die Schnur die Symbolisierung eines Wunsches, der die Liebenden zusammenhalten möchte – gegen die Abstoßungs- und Entfremdungskräfte. Parker nimmt die romantische Haltung Rodins ernst, zeigt aber auch, über die Statik der Skulptur hinaus,

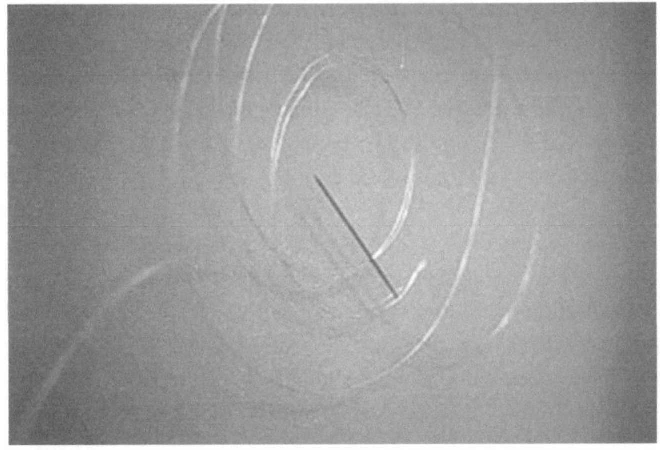

Cornelia Parker: Three Fathoms and a Thimble, 1997.
Silver thimble drawn into wire and threaded through a needle.

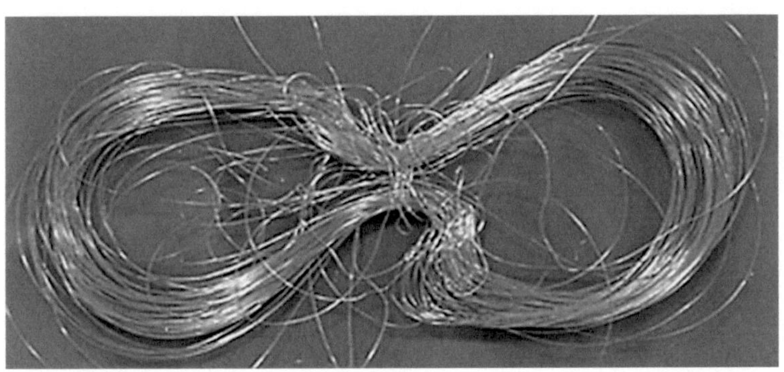

Cornelia Parker: Measuring Liberty with a Dollar, 1998.
Silver dollar drawn to a wire the height of the Statue of Liberty.

dass es Kräfte gibt, die das Sichtbare in eine unerwartete Richtung zu verwandeln vermögen. In einem Interview äußert sie selbst die Vermutung, dass ihre Kunst als eine Art okkulter Praxis aufgefasst werden kann, mit der gefürchtete Ereignisse abgewehrt werden sollen: »Maybe it's my Catholic upbringing, I grew up thinking that Armageddon was just around the corner [...]«.[2]

Die Schnur als okkultes Beibringsel bindet die Angst vor der Katastrophe und weist gerade deswegen darauf hin, dass mit ihr zu rechnen ist. Die parkersche Verschnürung der Liebenden mag wie eine Fesselung erscheinen; verstehbar wird sie nun auch als Umfassung. Die Bindung gibt Wärme und konserviert das Begehren nach einer Zusammengehörigkeit.

---

2 Kenneth Baker: »Artist Cornelia Parker doesn't stop with lightning and fire – she's even eyed outer space«, San Francisco Chronicle, Friday, December 16, 2005, in: http://sfgate.com/cgi-bin/article.cgi?f=/c/a/2005/12/16/DDGTUG89VC1.DTL&type=art vom 10. Dezember 2006.

Der Punkt der Seele. Heinrich von Kleists Fadenkunde

Die Marionette gilt als Symbol der Unfreiheit: An den Fäden eines Puppenspielers hängend, vollführt sie Bewegungen, die dieser mit seinen Fingern vorgibt. Ein Mensch, der sich zur Marionette machen lässt, kann sich der Verachtung gewiss sein.

Welch eine Provokation, wenn Heinrich von Kleist in seinem dialogischen Text »Über das Marionettentheater« einen Tänzer das Loblied auf die Marionette anstimmen lässt. Er sieht in der mechanischen Puppe eine Grazie verkörpert, die dem menschlichen Tänzer zu erreichen nicht möglich ist. Er bewundert vor allem die Antigravität der Puppe, die es vermag, ohne Ruhepunkte ganz im Tanz sein zu können. Die Marionette ist – für den Tänzer – ein utopischer Körper.

In Kleists Text erscheint das Wort Faden lediglich zwei Mal, einmal im Singular, einmal im Plural. Entscheidend ist die zweite Stelle, in der auf äußerst verdichtete Weise eine Theorie der Seele und der Körpermechanik formuliert wird. Der Gesprächspartner des Tänzers fragt diesen, was denn die Puppe dem lebendigen Tänzer voraus habe. Dieser antwortet, dass die Marionette nicht die Ziererei kenne, und fährt fort:

»Denn Ziererei erscheint, wie Sie wissen, wenn sich die Seele (*vis motrix*) in irgend einem andern Punkte befindet, als in dem Schwerpunkt der Bewegung. Da der Maschinist nun schlechthin, vermittelst des Drahtes oder Fadens, keinen andern Punkt in seiner Gewalt hat, als diesen: so sind alle übrigen Glieder, was sie sein sollen, tot, reine Pendel, und folgen dem bloßen Gesetz der Schwere; eine vortreffliche Eigenschaft, die man vergebens bei dem größesten Teil unsrer Tänzer sucht.«[1]

1 Heinrich von Kleist: »Über das Marionettentheater«, in: ders., Sämtliche Werke, 4. Band, Leipzig 1928, S. 298-307 (hier: S. 301-302).

Die Definition der Ziererei ist überraschend, vor allem deswegen, weil die Seele als ein Punktwesen bestimmt wird. Diese haust, Kleist zufolge, selten an der richtigen Stelle, wenn man eine ideale Ästhetik der Grazie veranschlagt. Als bewegende Energie macht sie mit dem Tänzer, was sie will – was eine tragische Kränkung für den menschlichen Tänzer bedeutet. Ist daraus aber im Umkehrschluss die Folgerung zu ziehen, wie es die Theorie der Marionette impliziert, dass bei der Marionette eine Seele am rechten Fleck sitzt? Verfügt sie über eine *vis motrix*, die den Schwerpunkt belebt und die elegante Bewegung hervorruft? Hier kommt die mediale Funktion des Fadens ins Spiel: Überträgt er wie ein Strom- oder Signalkabel die Seele des Spielers auf die Puppe? Oder ist der Faden die Metapher für eine Energie, die den Körper belebt? Immerhin, die Konstruktion der Marionette ist bildstark genug, um eine These des Textes zu exponieren: Es gibt eine Kraft, die bindet und zur Bewegung befreit.

Verstörend daran ist die Behauptung, dass es Punkte für die Seele gibt und Umgebungen, die als tot, bloß mechanisch ausgewiesen werden. Aber beschreibt dieses Bild nicht tatsächlich die Phänomenologie unserer Empfindungen? Der Körper ist doch nur allzu selten ein gesamtes Empfindungsorgan. Das Partiale regiert: Zonen erstrahlen von Fall zu Fall von der Lust, die sie durchfließen; Schmerz verknotet sich an diskreten Orten, Berührungen erzeugen zeitliche Bewusstheitsstellen am Körper. Michel Serres, der ebenfalls eine Theorie der punktuellen Seele entwickelt hat, meint zu Recht, dass eine leibliche Gesamtseele uns in den Zustand der Verzückung versetzen würde.[2]

Der Faden also als Berührungsgeste, als Affektionsenergie, als Seelenstimulanz?

Ich wechsle das Feld und begebe mich in ein anderes kulturelles Milieu. Ich blättere in dem Katalog zur Ausstellung *Phantom der Lust*, der künstlerische Ausdrucksformen des Masochismus versammelt.[3] Was ich sehe: immer wieder Bilder mit Schnüren und Fäden, die dem Körper etwas anzutun scheinen. Die Bilder, verstörend zum Teil und stets die Geste des Inszenierten, der Künstlichkeit implizierend, folgen dem klassischen SM-Repertoire: Wir se-

2 Michel Serres: Die fünf Sinne, Frankfurt/M. 1993, S. 11-29.

3 Peter Weibel (Hg.): Phantom der Lust. Visionen des Masochismus in der Kunst, Band II, München 2003.

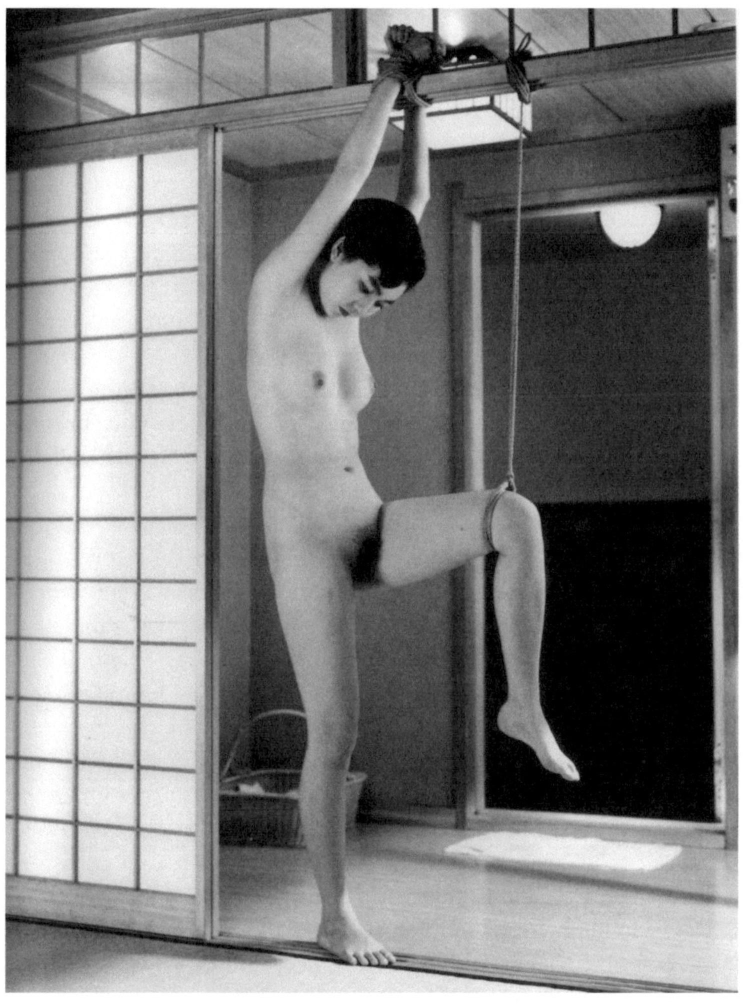

Nobuyoshi Araki: ohne Titel, 1989.

hen zunächst nichts als Macht- und Unterwerfungsfiguren[4] – Perversionen im herkömmlichen Sinne; aber auch Perversion des kleistschen Modells. Denn: dort, bei Kleist, die Grazie der Bewegung, hier die Bewegungslosigkeit der Körper (*vis inertiae*). Aber können wir uns mit dieser Opposition beruhigen?

In den Bildern der Ausstellung ist ein Schema erkennbar: Einmal gibt es das Konzept der Schnürung, der Einengung. Der Körper wird verpackt, man könnte auch sagen, er erhält eine Form, eine Kontur. Dann Szenen, in denen am Körper mit eingehakten oder eingeklemmten Schnüren gezogen wird, als solle er sich ausweiten, sich in den umgebenden Raum ausfalten.

Aus diesem Gegensatz springt die Ähnlichkeit mit der kleistschen Konzeption hervor: Wo beim Schriftsteller die Gleichzeitigkeit des Doppels aus Bindung und Ausdehnung entscheidend ist, tritt in der Bildergalerie eine Trennung dieser Aspekte auf.

Aber es bleibt der grundsätzliche Gegensatz zwischen Tanz und Skulptur. Die Fesselungen und Anbindungen in der gegenwärtigen Kunst lassen den Körper erstarren. Wird der Körper schon bei lebendigem Leibe bestattet, warmes Fleisch vorzeitig zur Mumie gemacht? Sinnfällig ist in dieser Hinsicht die Selbstinszenierung Stelarcs, der sich entblößt zwischen einem Ring aus Steinen aufgehängt hat. Wir sehen ein schwebendes Grabmal mit der Leiche, die identisch mit der Grabfigur ist, im Mittelpunkt. Der Körper ist wie die Steine erstarrt und zur Statue mutiert. Wieder der Tod, der im Leben sich einnistet.[5]

Das ist die eine Variante. Welche psychopathologischen Begründungen es für die Bondages geben mag, die Konfrontation der Seelevorstellung Kleists mit den gegenwärtigen Kunstartikulationen lässt auch eine andere These zu: Was als Schmerzlust-Inszenierung erscheint, wird nun lesbar als eine Suche nach oder Herstellung von Seele. Die Schnürung und die Berührungsstellen am Körper pflanzen Empfindungen in die Wüste des Leibs. Beklemmend ist die vorgängige Vorstellung eines empfindungslosen Körpers und der notwendigen gewaltförmigen Materialisierung einer Beseelungsmechanik. Was bei Kleist als Metapher deutbar ist, wird nun ganz stofflich genommen.

---

4 Siehe vor allem die Arbeiten von Nobuyoshi Araki, Gilles Berquet, Adolf Frohner, Richard Kern, Floria Sigismondi, Stelarc.

5 Siehe Michel Serres: Der Hermaphrodit, Frankfurt/M. 1989, S. 84-85.

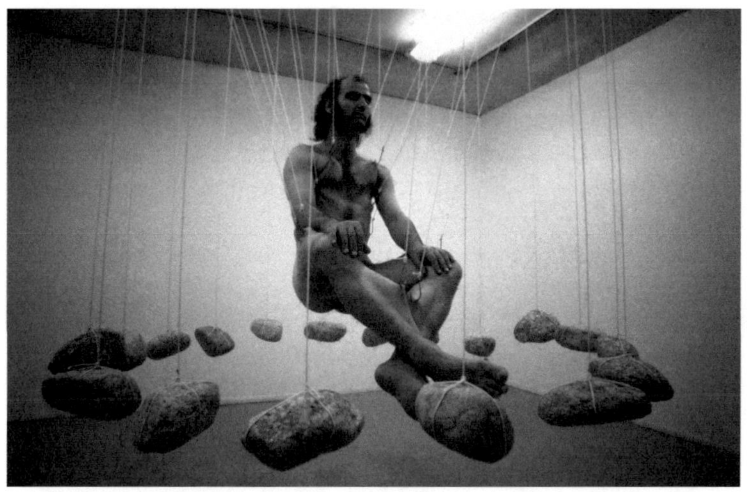

Stelarc: Sitting/Swaying: Event for rock suspension, 1980.

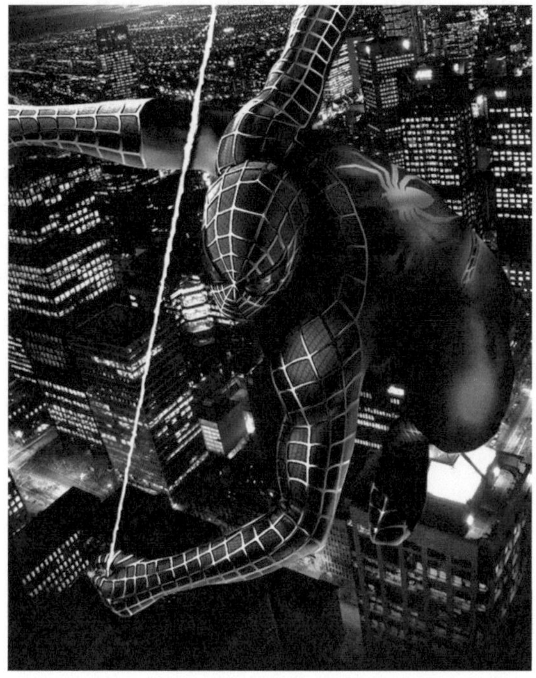

Spiderman. Utopie der sich selbst spielenden Marionette. Filmplakat, 2007.

Aber es mag darin auch der Beginn einer Entscheidung liegen: Um Ich zu werden, muss ich in der Lage sein, mich als Objekt wahrzunehmen. Darin kehrt etwas von unserem Beginn wieder, wo wir – ebenfalls an einer Schnur hängend – in einen Zustand der Entbundenheit versetzt werden. Diese Entbindung ist keine endgültige. Späterhin werden andere, unsichtbare Schnüre uns binden und zu lenken versuchen. Nicht immer hängen diese Schnüre an der richtigen Stelle. Diese zu erspüren ist eine Aufgabe. Erst danach sind wir in der Lage, uns zu entscheiden: Ob wir mit dem Punkt der Bindung verschmelzen, die Lage ändern und neue Verbindungen suchen oder die Richtung für eine Bewegung hinaus finden. Das freiere Ich mit seinen Empfindungen verschiebt die Seele, findet Bewegung in der Bindung, aus der Bindung. Die Bilder der geschnürten Körper sind in ihrer Konkretheit unerträglich, denn in ihrer Fixiertheit geben sie die Vorstellung einer Unterwerfung. Als Inbilder jedoch verlieren sie ihren Schrecken, sie zeigen die Notwendigkeit einer Geburt. Wer allerdings in der Perversion des Immergleichen hängen bleibt, hat seine Seele verloren oder noch nicht gewonnen.

Bleibt die Frage, ob das Subjekt Herr seiner selbst sein kann, Maschinist und Marionette in einem? Kleist gibt darauf eine deutliche Antwort: Bei ihm ist der Faden eine vorbegriffliche Ausprägung des Unbewussten. Denn wer sich bemüht, selbst den Faden zu führen, ist ohne Anmut. Wer ohne Anmut ist, hat seine Seele eingebüßt oder nicht erkannt, wo sie sich eingenistet hat. Es ist also nicht möglich, gleichzeitig zu wissen und zu handeln, den Ort der Seele gedanklich einzukreisen und die ihn umkreisenden Bewegungen zu tanzen.

Ist dieser Konstruktion zuzustimmen? Vielleicht gibt es keine Entscheidung darüber, ob Bewegung und Ichheit eine Einheit bilden können. Aber es gibt die Sensibilität für die Nachträglichkeit: Im Augenblick einer Veränderung erkenne ich, an welchem Faden ich einmal hing.

Die Schönheit des Nichts. Fred Sandback

Die Fadenobjekte Fred Sandbacks, die er seit den sechziger Jahren bis zu seinem Suizid 2003 an vielen Orten als temporäre Installationen erstellte, führen in eine Leichtigkeit oder nähern sich mit einer zum Teil farbenfrohen Unaufdringlichkeit, die man als optimistische Weltabgewandtheit verstehen kann. Man möchte darin Fadenspiele erkennen, die mit der Rationalität des Geometrischen einen künstlerisch-philosophischen Dialog unterhalten. Was könnte gegensätzlicher zum Schwebenden und Ätherischen dieser luftigen Installationen sein als die Schwermut, die den Künstler plagte und ihn am Ende in den Tod trieb. In der Kunst scheint sich nichts anzudeuten von dem Drückenden und der Dunkelheit des Lebens; hier ist alles licht und heiter.

Was geschieht jedoch, wenn nicht die Kluft zwischen Leben und Kunst gesucht wird, sondern die Gegenüberstellung? Drängt sich damit nicht jene Sichtweise auf, die in der Körperlosigkeit der Objekte die sublime, sublimierte endlose Trauerarbeit am Verlust erkennt? Das Ephemere und Geisthafte dieser Kunst erscheint nun nicht wie die Flucht aus der Depression, sondern wie das Verschwinden eines Objekts, das die Ursache der Depression ist.

Die psycho-biografische Spekulation gibt den Anlass, die paradoxe Qualität zwischen Erscheinen und Verschwinden in diesen scheinbar einfachen Nicht-Objekten zu erfassen. Der Faden, der zumeist wie der Umriss eines Volumens ohne Masse inszeniert wird, kann als eine Bewegung zum Nichts gedeutet werden. Die skulpturale Bewegungslosigkeit ist nur ein Augenblick, in dem zur Anzeige kommt, dass es mit jeder weiteren Sekunde ein finales Auslöschen geben kann. Der Faden ist der Rest einer ehemaligen Hülle und eines Körpers, der sich zurückgezogen hat. Dass die Werke Sandbacks oft nur kurze Zeit bestanden, gibt nicht nur formal, sondern auch schicksalsmächtig der Tendenz zur Leere Nachdruck.

Sandback hat mehrfach in Statements die Hinwendung zum Faden als künstlerisches Material damit begründet, dass ihm die Oberfläche und das Dekorative in der Skulptur ein Ärgernis war, weil er darin ein Verschließen wahrnahm, wodurch immer die metaphysische Spekulation auf ein Dahinter, Darinnen provoziert wird, mithin auf eine Bedeutung, die nicht sichtbar ist. Sandback hingegen sucht den Illusionismus zu umgehen; seine Arbeiten »weisen weder von sich selbst weg, noch auf etwas anderes hin, was nicht da ist«.[1] Er sagt, dass sein Bild »nur zu sehen ist«.[2]

Schwerelosigkeit ist somit Leicht-Sinnigkeit: Mit der Vertreibung der Masse und ihrer Oberfläche soll also auch der Sinn vertrieben werden. Die explizite Abkehr von der Bedeutung ist ambivalent: Einerseits verspricht sie eine Freiheit, anderseits zeigt sie einen fundamentalen Verlust an, eine Unsicherheit und Bestandslosigkeit der Welt. Ihre symbolische Vermitteltheit wird suspendiert; sie spricht nicht mehr, ist leer. Für die Psychoanalytikerin Julia Kristeva ist ein Kennzeichen der Depression, dass es im Imaginären der Traurigkeit eine jubilatorische Feier der Nicht-Bedeutung geben kann.[3] Es ist bemerkenswert, dass Interpreten der Arbeiten Sandbacks Adjektive wie heiter, intensiv, kühn, zart, elementar zur Beschreibung gefunden haben – aber auch Erlebnisse des Schwindels und Identitätsverlusts hatten.[4] Ist damit nicht genau erfasst, was Kristeva anzudeuten versucht? Eine vorsignifikative Emotivität, die keine Verbindung mit einer Referenz, einem Grund hat.

In der Terminologie der Psychoanalytikerin ist von Allegorisierung zu sprechen, womit gemeint ist, dass der Künstler in seiner verfeinernden Tätigkeit ein »Hyperzeichen um und mit der depressiven Leere« generiert.[5] Das künstlerische Zeichen ist Wiederholung der primären Leere, aber darin auch eine Praxis ihrer Beherrschung, eine Veredelung und Harmonisierung. Gerade der Begriff der Harmonie ist bruchlos auf die Objekte zu übertragen, und ohne Zögern sind die Arbeiten Sandbacks auch als schön zu charakterisieren.

1 Fred Sandback: »Bemerkungen«, in: Friedemann Malsch, Christiane Meyer-Stoll (Hgg.), Fred Sandback, Ostfildern-Ruit 2006, S. 92.

2 Fred Sandback: »Fußgängerische Skulpturen«, in: ebenda, S. 105.

3 Julia Kristeva: Black Sun, New York 1989, S. 101.

4 Siehe diverse Aufsätze in: Malsch, Meyer-Stoll: Sandback.

5 Kristeva: Black Sun, S. 99.

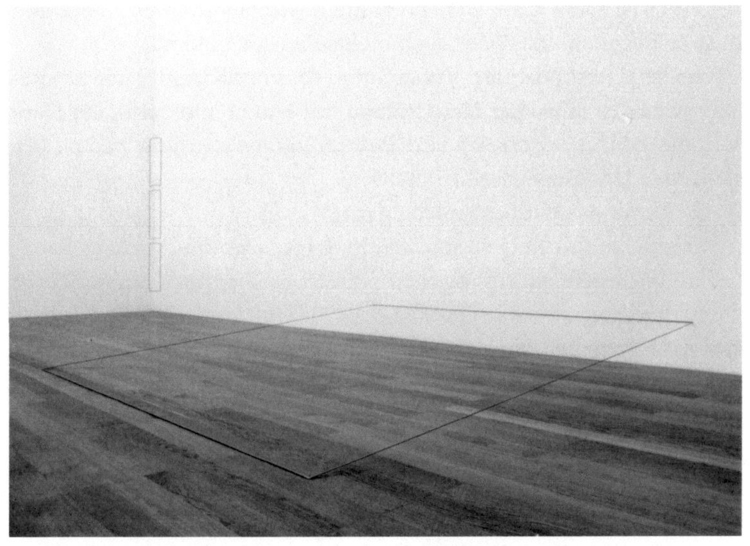

Fred Sandback: Square Floorpiece, 1969.

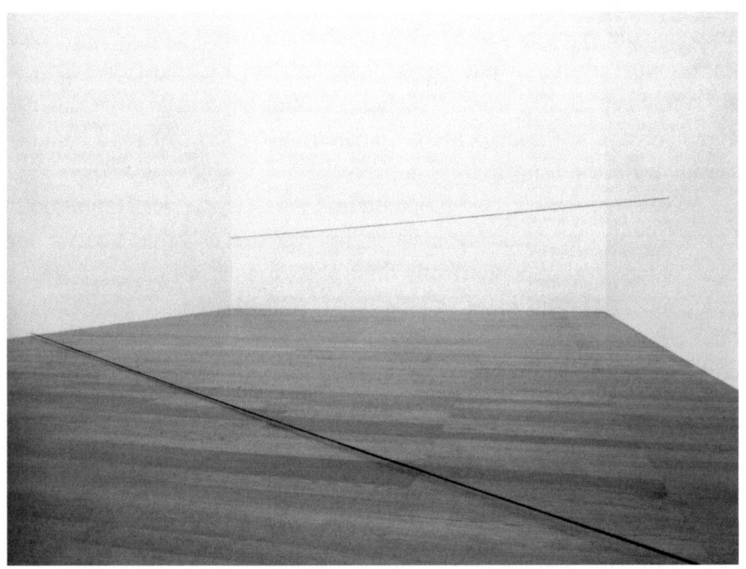

Fred Sandback: Untitled, 1974.

Aber ist nicht jeder Schönheit eine Mischung aus Schmerz und Lust beigegeben und daher auch melancholisch gefärbt?

Es ist eine sonderbare Vorstellung, dass der Künstler jahrzehntelang wieder und wieder leere Räume mit Fäden markierte, um leere Volumen darin einzuzeichnen. Beschäftigung mit dem Faden, der stets eine Abwesenheit umzeichnet.

Ist damit das Grundsätzliche gesagt?

Das Bild soll nur zu sehen sein – das war die Aussage Sandbacks. In diesem sensoristischen Ansatz geht er noch einen Schritt weiter und holt die Skulptur vom Sockel: »Ich wollte etwas machen, was keine abgegrenzte ästhetische Situation war, sondern etwas, das fest im alltäglichen, fußgängerischen Raum blieb.«[6]

Die Skulpturen beinhalten also die Aufforderung, nicht nur um sie herum zu gehen, sondern in sie hinein zu treten, hinein zu fassen, sich von ihr umgeben zu lassen. Wieder eine sonderbare Vorstellung voller Paradoxie: in etwas Leeres hineintreten und »mitten drin sein«.[7] Das Nicht-Objekt besetzen, sich von ihm besetzen lassen. In dieser Sensibilität kommt etwas zum Vorschein, was mit einem Begriff wie Raumstrukturierung, die die Objekte bewerkstelligen, kaum erfasst wird. Sie machen aus dem Betrachter einen Akteur, der die permeablen Strukturen durchwandert und erfühlt. Der Raum wird als Kraftfeld vorstellbar, in dem differenzielle Zonen auszumachen sind. Linien, Flächen, Volumina sind Wegweiser für eine esoterische Praxis. Eine gespenstische Gegenwart wird visualisiert und für die Empfindung geöffnet.

Also doch ein Objekt? Noch einmal zur Theorie der Depression: Die symbolische Entleerung ist in ihr nur die reaktive Seite einer bleibenden Verbundenheit mit dem abwesenden Objekt, das nicht aufgegeben werden kann. So liegt die Energie der sandbackschen Objekte darin, dass sie uns konfrontieren mit einer zu spürenden Gegenwart, die nicht erklärbar ist. Wir werden in einen Raum abwesender Lebendigkeit geführt. Der Künstler Richard Tuttle hat in einer einfühlsamen Formulierung Worte für diese Dimension gefunden: Er sieht in den Fäden etwas aufgenommen, was er das Nächtliche, Abweichende, Abwärtige nennt, wodurch »alle diese Dinge freigesetzt, beruhigt werden, in einem Raum, in dem niemand

6 Sandback: »Fußgängerische Skulpturen«, S. 103.

7 Fred Sandback: »Befragung durch Linien«, in: Malsch, Meyer-Stoll, Sandback, S. 151.

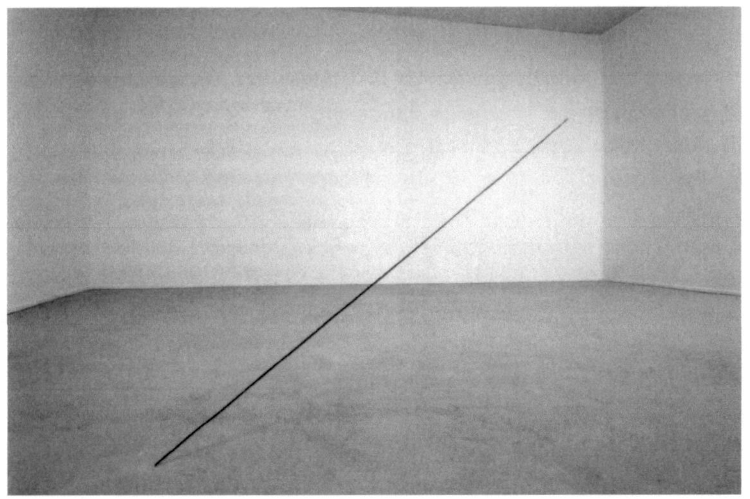

Fred Sandback: Untitled, 1984.

Fred Sandback: Untitled, 1997.

nach verborgenen Dämonen oder emotionalen Begegnungen suchen würde«.[8]

Sandback findet, gestaltet das Ungestalte, Dämonen oder Gespenster. Herauszustellen ist daher, dass es für Sandback eine äußerst wichtige Angelegenheit war, seine Verspannungen an den unterschiedlichen Orten selbst auszuführen und sich nicht auf Anweisungen zu verlassen. Eine Art von magischer Konzeption könnte diesem Insistieren innewohnen, als würde der Geist des mit sich geführten Objekts in den Raum der Leere überspringen, um ihn unsichtbar auszufüllen. Freud kennzeichnet die Melancholie als einen Prozess, in dem die »unbewusste (Ding-)Vorstellung des Objekts von der Libido verlassen wird«.[9] In der Kunsthandlung wird genau diese Vorstellungslosigkeit zur Darstellung gebracht. Die Hand, die den Faden durch den Raum zieht, erschafft das libidinöse Medium für eine Erinnerung, die ohne Bild bleibt. Ein Restkörper mit seiner Aura, mit der Glorie der Schönheit, verleugnet den Verlust, wie er ihn auch deutlich spürbar macht. Die Stille der Objekte Sandbacks ist letzthin deutbar als die Unfähigkeit zur Bezeichnung dieses anwesenden Nicht-Lebens.

---

8 Richard Tuttle: o.T., in: Malsch, Meyer-Stoll, Sandback, S. 201.

9 Sigmund Freud: »Trauer und Melancholie«, in: ders., Studienausgabe, Bd. III, Frankfurt/M. 1981, S. 193-212 (hier: S. 209).

BETRACHTUNGEN. ROBERT BARRY

1968 spannt der amerikanische Konzeptkünstler Robert Barry an verschiedenen Plätzen dünne Nylonschnüre oder Drähte zwischen Gebäuden, Bäumen oder von Wand zu Wand in einer Galerie. Eigenart dieser minimalistischen Linien durch den Raum war ihre Position am Rande der Sichtbarkeit, nur hin und wieder wahrnehmbar, wenn Licht feinglänzende Reflexionen auf ihnen erzeugte. Über eine Außen-Installation am Wyndham College schreibt Barry: »The wires were so thin and were in certain pieces stretched so high above the ground that it was virtually impossible to see them – or to photograph them.«[1]

Eine Geste ohne Kunstfertigkeit, eine Kunst ohne Sichtbarkeit. Kunst? Oder doch etwas anderes? »Making art is not really important. Living is. In my mind art and living are so closely interlocked.« sagt Barry 1969 dazu in einem Interview.[2] So einfach gesprochen, so schwierig doch auch zu verstehen. Die Gefahr des Prätentiösen lauert in solchen Verlautbarungen, denn sogleich drängt sich die Frage danach auf, wie die Ewigkeitsthemen Kunst und Leben überhaupt aufzufassen sind.

Man könnte versucht sein, die Aussage auszublenden und sich der Sache selbst zu widmen. Wie aber soll man vergessen, dass Texte, gesprochene wie geschriebene, ein wichtiger Bestandteil avantgardistischer Kunstentwürfe sind und die Konzeptkunst lediglich die Radikalisierung dieser Tendenz darstellt?

Ich folge zunächst der gedanklichen Spur und der Schnur durch den Raum. Was zu entdecken ist: eine heitere Paradoxie. Denn die Fäden stellen eine Begrenzung dar, ohne dabei die Bewegung oder den Blick zu behindern. Sie sind Markierungen, die nicht die Macht der Kennzeichnung haben. Man könnte die Projekte als offene Um-

---

1 Robert Barry: »Interview« (October 12, 1969), in: http://www.ubu.com/papers/barry_interview.html vom 16. Mai 2007.

2 Ebenda.

schließungen charakterisieren. Das ist bemerkenswert, denn die gängigen Praktiken der Raumbildung operieren despotisch mit undurchdringlicher Architektur, mit politischen Grenzziehungen oder mit Wachposten.

Die Leichtigkeit des Schnurmaterials drängt nicht nur in die Undurchsichtigkeit, es bekommt geradezu die Qualität der Zweckfreiheit. Hier will niemand etwas beherrschen, für sich behaupten oder Wege vorzeichnen. Keine Annexion, obwohl ein Terrain abgesteckt wurde. Eher sind die Fäden aufzufassen als Hybriden aus materieller und gedanklicher Natur. Ich muss sie mir vorstellen, wo sie sich dem Blick entziehen, muss den von ihnen eingefassten Raum mehr erspüren als anerkennen. Dieses Oszillieren zwischen Wahrnehmung und Gedanklichkeit möchte ich mit dem Begriff der *Betrachtung* belegen. Der Terminus ist doppeldeutig: Meint er einerseits die Aktivität visueller Rezeption, ist er andererseits ein Ausdruck für meditative oder philosophische Versenkung in einen Sachverhalt. Beides spielt in Barrys Ansatz eine Rolle. Zu behaupten ist darüber hinaus, dass der Künstler nicht einfach eine eitle Spielerei mit den Ingredienzien der Kunst – Materialität und Geistigkeit – betreibt. Die blickhafte Suche nach dem Objekt, nach der unscheinbaren Skulptur wie auch nach der Bedeutsamkeit dieses dezent markierten Raums beinhaltet das Potenzial eines qualitativen Umschlags: von der Irritation über die entsinnlichte Kunstsache hin zu einem Nachdenken über das Sein in eben diesem Raum. Barry selbst gibt einen wichtigen Hinweis, wenn er davon spricht, dass »der Raum Ort geworden war«. Dieser Ort der Leere verwandelt sich, wie John Paoletti anmerkt, in »ein Instrument des Denkens«.[3]

Die Verschiebung in der Begrifflichkeit gibt Gelegenheit, auf eine Konzeption des Ortes einzugehen, die der französische Ethnologe Marc Augé in einem Buch entwickelt hat. Das Buch trägt den programmatischen Titel *Orte und Nicht-Orte*. Darin prägt Augé den Begriff des anthropologischen Ortes. Als Ethnologe bezieht Augé sich auf traditionale Gesellschaften, die in einem festen System aus symbolischen Räumlichkeiten, Ritualen, eingefassten Handlungen, religiösen Grenzziehungen leben. Nach Augé wird die Metrik des Raumes als Grund, Rahmung und Bühne gelebter Sinnprinzipien

3 John T. Paoletti: »Befreite Denk-Räume«, in: Robert Barry, Some Places to Which We Can Come. Works 1963-1975, Bielefeld 2003, S. 20-57 (hier: S. 28).

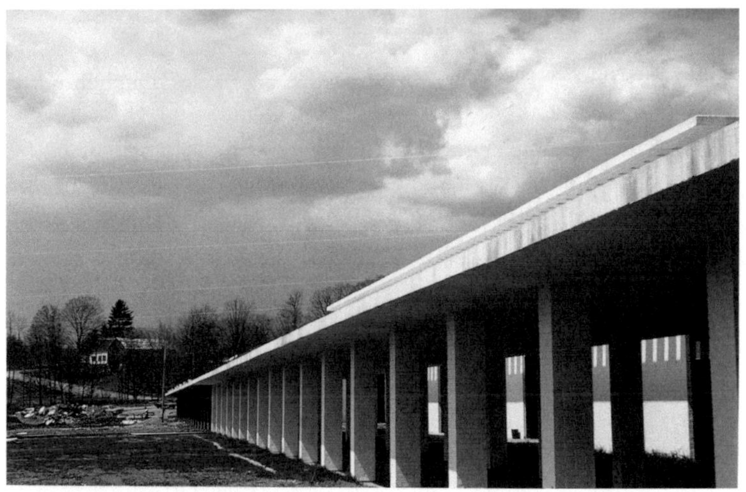

Robert Barry: Installation between two Buildings at Windham College, Putney Vermont, 1/8" Nylon Cord, 1968.

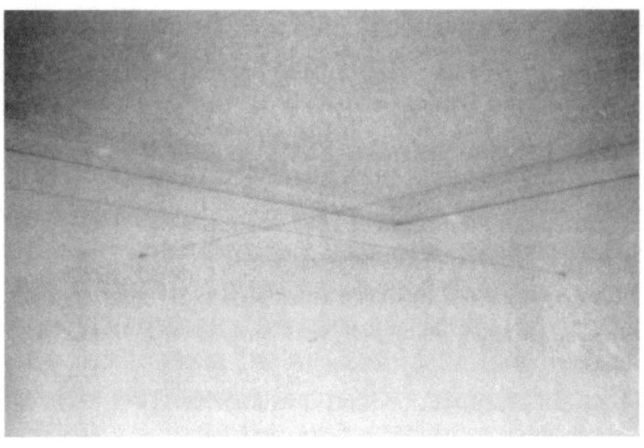

Robert Barry: Installation bei der Ausstellung »January 5-31«, New York, 1969.

genutzt. Dagegen ist der Nicht-Ort durch einen Raum definiert, »der keine Identität besitzt und sich weder als relational noch als historisch bezeichnen läßt.«[4] Augé nennt als Beispiele für Nicht-Orte Flughäfen, Bahnhöfe, Autobahnen, Hotelketten und Durchgangswohnheime, Feriendörfer, Flüchtlingslager, Slums aber auch die beweglichen Behausungen der Verkehrsmittel.

Nun kann man Robert Barrys Orte gewiss nicht als von Tradition gefügte symbolische Entitäten fassen. Ganz im Gegenteil. Sind sie damit aber als Nicht-Orte ausgewiesen? Sie reagieren offensichtlich auf eine kulturelle Situation, in der das Subjekt zwischen instrumentell verfügten Räumen sich bewegt und gleichzeitig ohne Rückzugsmöglichkeiten in metaphysisch aufgeladene Orte ist. Mit seiner Geste der Schnuraufspannung lädt er dazu ein, in der Betrachtung sich einen temporären Ort der Freiheit zu kreieren, der weder traditioneller anthropologischer noch Nicht-Ort ist. Das (sich) betrachtende Subjekt fügt sich weder in Kontexte reinen Funktionierens noch in solche gruppenvermittelter Sinngebung.

Die kaum sichtbare schwebende Nicht-Architektur Barrys gibt das Bild des Offenen, der Umgebung, des Durchgängigen, der multiplen Richtung. Es ist eine Architektur ohne Wände, ohne Dach, ohne Türen aber mit vielen Aus- und Eintritten. Sie ist eine Räumlichkeit, die sich gerade nicht auf das territoriale Gefüge reduzieren lässt. Sie bietet Gelegenheit zu Praktiken des gedanklichen Nomadisierens und mag dabei das Begehren nach einer eigenen *Einrichtung* entstehen lassen.

So widersinnig es erscheinen mag, dieser Kunst-Nicht-Raum ist gerade wegen seiner minimalen Gestaltung eine Gegebenheit für ästhetische Praxis: Die zarte Geste des Künstlers, die den Rand des Anästhetischen berührt, erzeugt eine Atmosphäre für ein Sinnen und Besinnen, für Betrachtung. Das Subjekt darf hier umherschweifen – gedanklich wie leiblich –, muss sich nicht dem Gesetz des praktischen oder richtigen Lebens unterwerfen. Sicherlich, dies ist eine Praxis des Ideellen, nicht des Eingreifens. Situiert in der Künstlichkeit einer Inszenierung, die mehr imaginativ als konsumistisch erlebt werden muss, ist sie aber gerade darum näher einem emphatischen Begriff von Leben: Die Betrachtung einer so trivialen Sache

4 Marc Augé: Orte und Nicht-Orte. Vorüberlegungen zu einer Ethnologie der Einsamkeit, Frankfurt/M. 1994, S. 92.

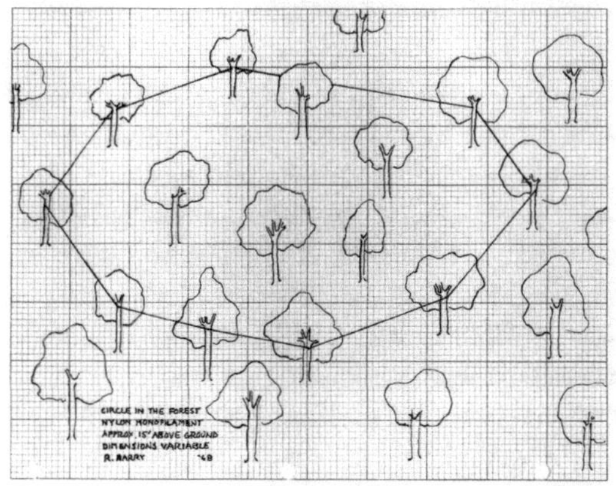

Robert Barry: Circle in the Forest, 1968. Nylon Monofilament approx. 15' above Ground, Dimension variable. Tinte auf Papier, 21x26 cm.

wie aufgespannte Schnüre gehorcht nicht der Logik der Zurichtung des Handelns, Denkens oder Empfindens durch Strukturen, seien sie weltlich oder religiös. Durch die freigesetzte Gedanklichkeit wird aus dem Raum für den Moment ein Ort. Der moderne ephemere Ort mag äußerlich leer erscheinen, wenig zeichenstarke Elemente besitzen, doch kann er ein eigensinniges Subjekt beherbergen, das nicht mehr blind mit Räumen umgeht. Kunst tritt bei Barry auf als Möglichkeitsanmutung: Der fast unsichtbare Faden ist ein Assoziationsanreiz für das Aufspüren von Wahrnehmungen und Ideen. In der Autonomie der Betrachtung erfährt das mäandernde Subjekt das Gefühl einer Differenz zu all den ortlosen Räumen und kann in bestem Falle zu einer »Ästhetik der Räume«[5] gelangen, die uns tagtäglich strukturieren.

Nachbemerkung: Dass die Schnur-Installationen Robert Barrys keine Neuauflagen mehr erfahren haben und inzwischen als historisch zu werten sind, mag sie disqualifizieren. Gleichzeitig sind die Konzepte lesbar als eine Vision, die in ihrer Sprödigkeit vielleicht gerade heute das Reservoir für ein Anderes mit sich führen. Wir leben mittlerweile in einer kulturellen Situation, in der die Kategorie des Raumes weit prekärer geworden ist als in den 1960er Jahren: Einerseits erfahren wir die Vernichtung des Raums und damit des Ortes durch diverse Medialisierungen. Andererseits sind wir konfrontiert mit einer scheinbar unbegrenzten Raumbeherrschung durch wirtschaftliche, technische und politische Globalisierungstendenzen. Zwischen diesen Kräften geraten das Singuläre, das Sinnliche, das Nicht-Ökonomisierbare, lokale Eigensinnigkeiten, Atmosphäre, Vertrautheit mehr und mehr in die Gefahr, eliminiert zu werden. Ein paar Fäden aufzuspannen, mag vor dieser Mächtigkeit kaum mehr als naiv erscheinen. Aber warum sollte Kunst mit dem gleichen Machtanspruch agieren wie die Institutionen der Politik und Ökonomie? Die Machtlosigkeit und Zartheit der Kunst ist das Versprechen auf das, was sich der Verwaltung und Gesetzmäßigkeit widersetzt. Auch das wäre Leben in der Kunst.

5 Michel Serres: Hermes V. Die Nordwest-Passage, Berlin 1994, S. 88.

PARA-ARCHITEKTUREN. KATE TERRY

In den 1960er und 70er Jahren gab es die Mode der String Art. Die String Art war – anders als es der Name vermuten lässt –, weniger Kunst denn kunsthandwerklicher Zeitvertreib mit dem Ziel, ein ornamentales Bild mit Fäden herzustellen. Dazu gab es Bastelsets mit Fäden, Nägeln und einem meist mit Samt bezogenen Brett. Mit Hilfe eines Musterblatts wurden die Nägel in geometrischer Ordnung in das Brett getrieben, die nun als Haltepunkte für den Faden dienten. Dieser wurde als Linie von Nagel zu Nagel geführt, wodurch ein Ornament entstand. Als trivialisierter Ableger der Op-Art mit volkstümlicher Handwerkskonnotation gehört die String Art längst nicht mehr zum gegenwärtigen kulturellen Bildreservoir, hat aber in virtueller Form in der Ikonografie der Computerbildschirme überlebt: Animiert und in simulierter 3D-Ästhetik spielt sie heute noch die Rolle als Bildschirmschoner.

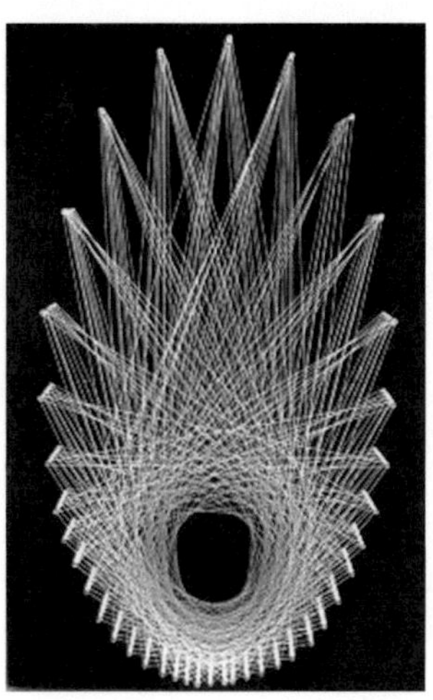

String Art, 1970er.

Die kanadisch-englische Künstlerin Kate Terry nutzt seit 2002 die Technik der String Art und hat mit ihr schwebend-durchsichtige Kunstwerke geschaffen.[1] Dabei nimmt sie entscheidende Modifikationen am ursprünglichen Verfahren vor, die zu einer künstlerischen Um- und Aufwertung führen. Mit der Technik übernimmt sie das Methodische der Herangehensweise, ohne jedoch die Zeichen des Billigen, Amateurhaften und Kitschigen mitzuführen.

Worin liegt aber das Neue in der Produktion Kate Terrys? Bewegt sie sich nicht auch an der riskanten Grenze zur Schönheit oder zum Gefälligen des Geometrischen, also dort, wo das Urteil des Kitsches lauert?

Offenkundig ist zunächst die Verräumlichung. String Art war – trotz des Reliefcharakters – ein zweidimensionales Bildgeschehen und damit ganz dem traditionellen Medium des Tafelbildes verhaftet. Kate Terry geht mit ihren Fäden in die dritte Dimension und nimmt ganze Räume als Arbeitsgrundlage. Man könnte in dieser Strategie auch einen Reflex auf die simulierte Dreidimensionalität der computergenerierten String Art ausmachen, die in die Gegebenheit welthafter Körperlichkeit zurückgeführt wird. Wichtiger jedoch ist die mit der Spatialisierung verknüpfte zweite Differenz zur Inspirationsquelle: Mit dem Verlassen des Bildraumes monumentalisiert Terry die Fadengeometrien.

Die Installationen werden eigens für Ausstellungsräume hergestellt. Diese Einlassung auf einen konkreten Produktionsort deutet an, dass es das Ziel ist, ein Objekt für eine phänomenologische Erfahrung hervorzubringen. Die Installationen Terrys lösen sich also vom Schematismus der String Art und werden als *Individuen* konzipiert, die sich mit jeweiliger Architektur *verbinden*.

Die Überführung der Befestigung von einer Bildtafel zur Wand eines Raumes und die Idee der *Verbindung* ruft zwei Vorstellungen auf: Einmal sehe ich nichts als den technischen Vorgang der Befestigung. Dann jedoch glaube ich, eine Symbiose, eine ästhetische Zusammenführung von Raum und Objekt wahrzunehmen. Mit dieser Doppelvorstellung kommt ins Spiel, was ich die subtil dramatische Energie der Installationen Terrys nennen möchte. Es stellt sich nämlich der Eindruck einer produktiven Unklarheit ein, die ganz aus der formalen Konstruktion entspringt. Zur genaueren Charakterisierung

1 Siehe die Website der Künstlerin http://www.kateterry.co.uk vom 7. Mai 2007.

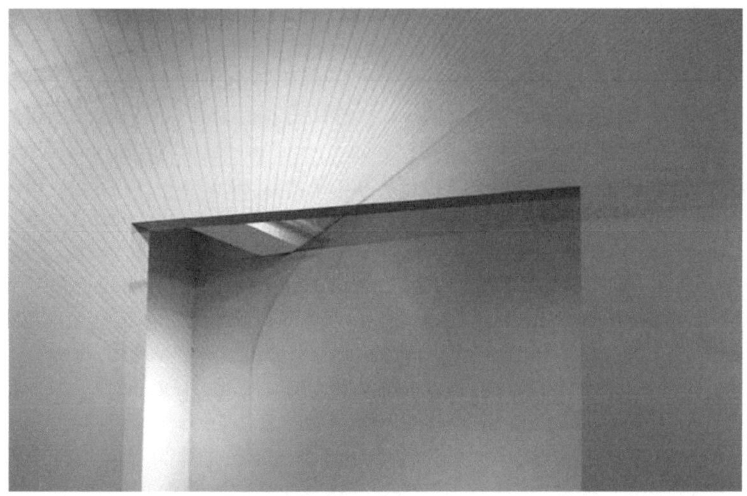

Kate Terry: More or Less, 2006.

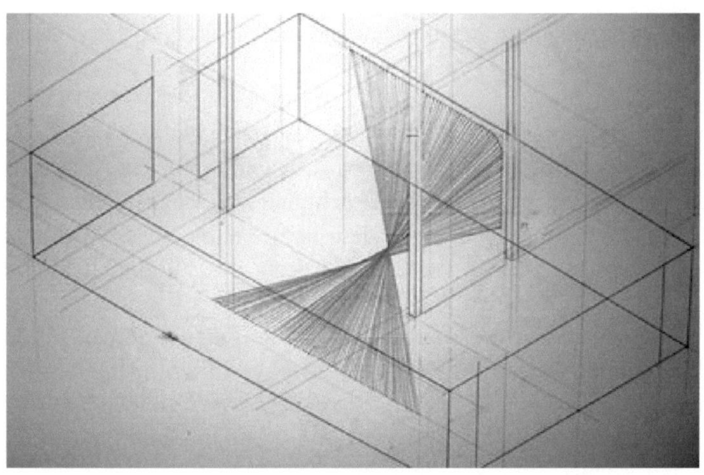

Kate Terry: Interference, 2007.

der Installationen kann der Begriff des *Para-Objekts* dienen, eines Objekts also, das angesiedelt ist in einem Neben oder Dazwischen. Was heißt das? Die Befestigung der Installationen hat nicht viel mit der eines Bildes oder Wandobjekts zu tun, die man zur Präsentation aufhängt. Für die Bilder ist die Wand ganz und gar funktional. Die Fadenlinien scheinen dagegen aus der Wand zu strömen oder in die Wand einzudringen. Wand und Faden treten in Kontakt, die Installation wäre ohne die sie haltende Wand schlicht nicht existent. Die Wand oder die Decke sind Existenzgrundlage der Kunst. Andererseits bleibt durch diesen Akt der Verbindung auch die Innenarchitektur nicht unberührt, ihr wird etwas zugefügt, das von nun an zu ihr gehört. Das ist die Sachlage. Aus der Betrachterperspektive wird diese Klarheit allerdings fraglich: Da Terry feinste farbige Nähgarne verwendet, tendieren die räumlichen Ornamente dazu, sich an der Grenze zur Unsichtbarkeit aufzuhalten. Terry schreibt:

> »The Thread Installations appear almost invisible until viewed in close proximity, and the phenomenological, optical illusion created makes it unclear where the installation begins and ends. It leaves a gallery neither full nor empty.«[2]

Das widerspricht der Eindeutigkeit der Architektur als feste und opake Gegebenheit. Sollen wir von dem Paradox einer Architektur des Verschwindens sprechen? Beschränke ich mich nicht auf die Phänomenologie der Fäden, sondern berufe mich auf ihr Wesen, so bleibt, dass die Fadenkonstruktionen trotz ihrer Subtilität mit der Architektur das Moment der Unbeweglichkeit, des Zeitlosen teilen. Dies sagend tritt jedoch sogleich der gegensinnige Eindruck auf den Plan: Die Konstruktionen erinnern an physikalisch-mathematische Darstellungen von Kraftfeldern. Die Fäden mögen sich an den Wänden festhalten, gleichzeitig stören sie die Solidität und Struktur der Räume – etwa wenn sie durch eine Türöffnung strömen oder eine Falte im rationalen Kubus der Galerie werfen. Die Weichheit, die Viskosität des Materials ist das Andere der harten Architektur. Mögen die Installationen auch noch etwas vom Schmückenden und Zierhaften der String Art bewahrt haben, ihre ätherische Raumpräsenz schwankt zwischen Entzug und sichtlicher Irritation.

---

2 Kate Terry, in: http://www.re-title.com/artists/Kate-Terry.asp vom 3. Februar 2007.

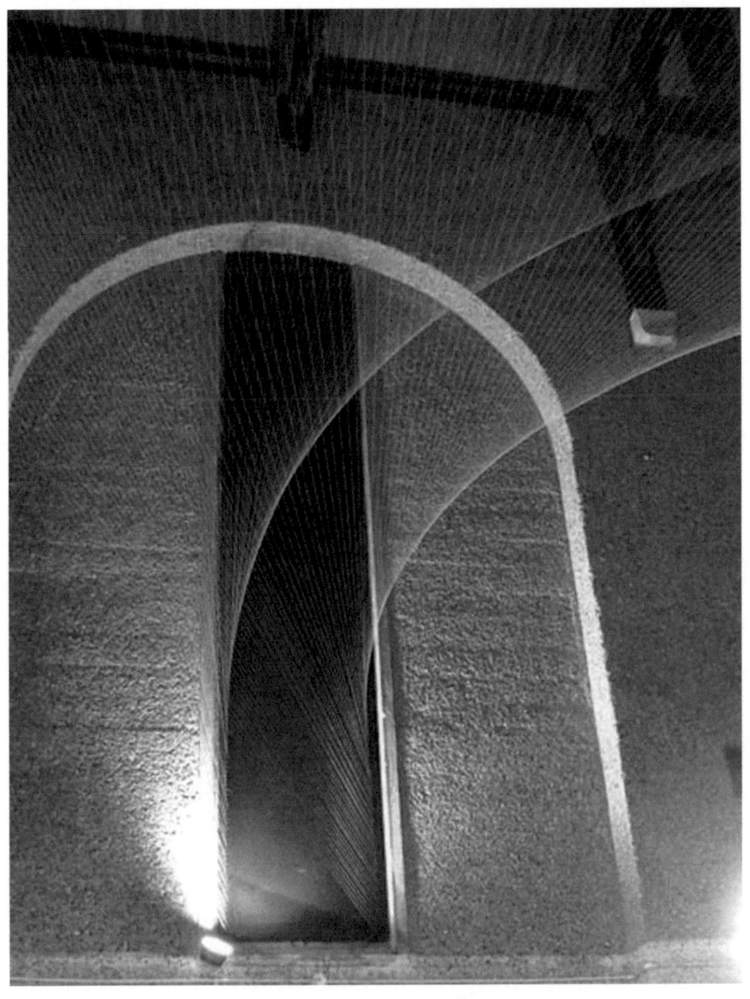

Kate Terry: Thread Installation # 14, 2006.

Terry hat eine Installation aus dem Jahr 2007 mit *Interference* betitelt. Dieser Titel in seiner Mehrdeutigkeit ist gut gewählt – er beschreibt nicht nur das Verhalten der Fadenkonstruktionen, die einen *Eingriff* in den Raum darstellen, sondern auch das von Wellen bei ihrem Zusammentreffen (was als Anspielung auf die Wellenformen der Installationen gelesen werden kann). Zudem ist der Titel eine Kennzeichnung des Effekts, den die Installationen auf den Betrachter haben: Dieser wird durch die Dinglichkeit der Installation *gestört* oder aufgestört, ohne sich allerdings behindert oder eingesperrt zu fühlen. Deren Unscheinbarkeit und zarte Schönheit bieten vielmehr die Gelegenheit, die Sensitivität der Wahrnehmung einzuschalten. Benötigte die String Art die Festigkeit und Dunkelheit des Bildgrundes, um die farbigen Fäden als optische Sensationen zu inszenieren, sind die Fäden nun von Leere umgeben, die das Spektakel in eindringliche Unauffälligkeit verwandeln.

Para-Objekte, Para-Architekuren: Der Widerspruch zwischen dem Festen, Dauerhaften und Begrenzenden einerseits und dem Flüssigen, Energetischen, Transparenten sowie Entgrenzenden andererseits wird nicht aufgelöst. Kate Terry führt mit formaler Strenge den Besucher in einen Raum der Empfindungen, der kleinen Sensationen, in einen Zwischenraum aus Berührung und Andeutungen, aus Visualität und Emotivität. Punkte der Verdichtung lösen sich allmählich auf und die Strahlen scheinen in der Festigkeit des Mauerwerks zu verschwinden. Der dünne Faden wechselt unmerklich seinen Status, bewegt sich zwischen zwei Wahrnehmungsformen: Eben noch Materie, hat er sich – aus der Ferne betrachtet – zur Metapher gewandelt. Wahrhaftig ein Zwischending.

Im Märchenwald der Kunst. Angela Bulloch

Längst vorbei ist die Zeit, in der der Wald ein Ort für das Unheimliche, für das Unheimische war: unwegsam, scheinbar randlos, dunkel, ein Ort für die Ausgestoßenen und Outlaws. Gespensterwald, Räuberwald – ein Refugium für das Unerlaubte. Aber auch ein Terrain, an dem das Heilige gewahrt wurde und wo das Märchen seine Gestalten des Übernatürlichen ansiedelt: Hexen, Elfen, Feen, Kobolde.

Und heute: Nutzwald, Erlebniswald, Ökowald. Verwertung, Kalkül, Wegbarmachung. Der Waldrand ist keine Grenze mehr zu einem Gebiet der Unsicherheiten, wo die Kultur ihre Gesetzeskraft einbüßt.

2005 erstellt Angela Bulloch eine Rauminstallation für das Museum Hamburger Bahnhof in Berlin. Der Titel der Arbeit spielt in negierender Form auf diesen mythischen Wald an: *Disenchanted Forest x 1001*. 1001 Mal entzauberter Wald. Die Zahl ist doppelt konnotiert: Zunächst lässt der Titel an die persische Erzählsammlung *Tausendundeine Nacht* denken, die uns als märchenhaftes Werk überliefert wurde. 1001 Mal entrückt die Welt des Wunderbaren und Fantastischen? Es gibt keine Sheherezade mehr, die mit Geschichten zu verzaubern weiß. Tatsächlich wird gezählt statt erzählt: Angela Bulloch hat 1001 Metallplättchen aufgehängt, mit der die deutsche Forstverwaltung Bäume markiert und als erfasst darstellt. Über diese Zeichen kreist der Lichtkegel einer Pistolenlampe, als wäre auch das Zählen Sache der Maschinen.

Zentrum des Raums bilden ein eingezogener Boden und eine schwebende Decke, die gegeneinander versetzt sind. Das ist die erste Spur des Irregulären. Boden und Decke sind mit Kreisen verziert und zum Teil erleuchtet. Die Formgebung und Farbigkeit erinnern an Design oder Konkrete Kunst. Eine kühle Atmosphäre entströmt dem Ensemble, es herrscht der Eindruck des Unlebendig-Kalkulierten. Der Titel mit dem Verweis auf den Wald könnte den Betrachter dazu animieren, in den Kreisen Abstraktionen von Baumquerschnitten zu erkennen: zeichenhafte Reste eines geordneten Waldes, in dem jede Pflanze abgezählt ist. Klanglich wird die Installation von einer Geräuschmusik (Florian Hecker) eingehüllt, die aus einer Vielzahl kleiner Ereignisse zusammengesetzt ist. Aggressiv zumeist, laut, dicht, harsch in der Klangcharakteristik betont sie zunächst den Charakter des Unnahbaren und Nüchternen. Gleichzeitig schließt sie sich in ihrer Chaotik mit jenem Element zusammen, das wie ein Einspruch gegen das Normierte und Abzählbare auftritt: das Gewirr aus lumineszierenden Fäden.

Aufgespannt zwischen Kunstboden und -decke und zum Teil in den Raum hineinwachsend kontern sie das Prinzip Ordnung. Dieses Wachstum, so zart es erscheint, verhindert in seiner gestrüppartigen Ausbreitung eine Durchquerung des geometrisierten Raumes. Mit den Fäden kommt ein ästhetisches Moment in die Inszenierung, das bei aller Abstraktheit die Idee des mythischen und vormodernen Waldes wachruft. Die Unordnung bildet nicht nur eine ästhetische, sondern ebenso eine philosophische Opposition: Der Faden ist Sinnbild einer anti-cartesianischen Konzeption. Descartes hat in seiner Abhandlung über die Methode das Bild vom Reisenden entworfen, der sich im Wald verirrt hat. Ihm empfiehlt er den schnurgeraden Weg ohne Abwege, um aus dem Wald herauszufinden. Mit dieser Metapher setzt er das Grundmodell des Durchmessens (oder des Ermessens) und der Orientierung.[1] Diese Praxis ist gewiss lebenswichtig und Sinnbild wissenschaftlichen Denkens. Aber sie stellt eben auch die Vertreibung des Poetischen und der Erfahrung enigmatischer Welthaftigkeit dar. Man möchte meinen, dass Descartes noch die traditionellen Vorstellungen des Waldes im Sinn hatte, wo es Einflüsterungen, Lockungen und Abenteuer des Abschweifens gibt, Qualitäten, die der Rationalität einen Gegensinn aufnötigen. Das Bild des Philosophen nimmt diese Qualitäten nicht in den Blick, weder das Undeutliche, Unbeherrschbare noch Bestimmungslose. Bullochs Installation ließe sich als Inszenierung dieses Gegensatzes von Bestimmung und Bestimmungslosigkeit, von geometrisierender Raumbeherrschung und erlebnishafter Orterfahrung verstehen.

1 René Descartes: Abhandlung über die Methode [1637], übersetzt und herausgegeben von Artur Buchenau, Hamburg 1952, S. 20-21.

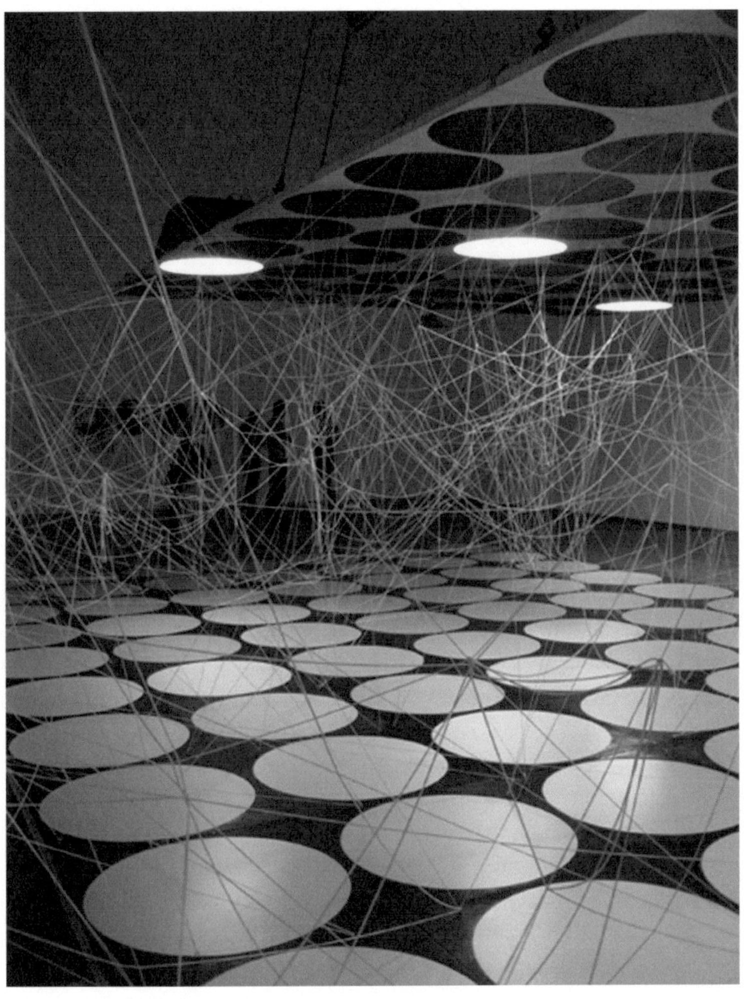

Angela Bulloch: Disenchanted Forest x 1001, 2005.

Dazu ein Rekurs: Im 18. Jahrhundert gehörte der Wald noch zu den erhabenen Landschaften. Wie der Wald flößten auch Wüste, Berge und Ozeane aufgrund ihrer Größe Furcht ein, verursachten im gleichen Maße das Gefühl der Ehrfurcht wie des Erstaunens. Landschaftsmalerei und Schauerromane des 18. Jahrhunderts nahmen Motive der erhabenen Landschaft in ihre Kunst auf, um einerseits die Intensivierung von Affekten zu betreiben, sie andererseits aber auch zu kanalisieren und als beherrschbare Formen abrufbar zu machen.

Bulloch bringt mit ihrem Fadendickicht eine abstrakte Version des Erhabenen zur Anschauung. In Parallelaktion mit den Soundwucherungen werden eher die Affekte denn der Verstand angesprochen. Daher kann diese Arbeit nicht als Illustration des modernen gezähmten Waldes angeschaut werden. Der geordnete Wald dient allenfalls als triviales Hintergrundmotiv für etwas anderes, für ein Erlebnis, das sich gerade nicht auf einen benennbaren Gegen-stand aus der Welt berufen kann. Fäden und Klang – mehr gibt es nicht. Und doch sind es genau diese nicht-illustrativen Elemente, die einen Mehr-Sinn erzeugen. Der französische Philosoph Jean-Francois Lyotard hat den Gestus der Bildlosigkeit, der ein Charakteristikum der Avantgarde ist, ebenfalls als Erhabenheit gekennzeichnet: Es ist die Aufgabe der Kunst, so Lyotard, etwas davon erahnen zu lassen, »daß es etwas gibt, das nicht bestimmbar ist.«[2]

Mit dieser antirationalen Logik erweist sich der Titel der Rauminstallation – *Disenchanted Forest x 1001* – als richtig und falsch zugleich: Der Wald mag entzaubert sein, das *silvanische* Kunstwerk hingegen ist in seiner metaphorischen Weitschweifigkeit dem Zauber noch nahe. Es ist ein Gestrüpp aus Andeutungen und Anmutungen, eine unwegsame Landschaft, die zu durchqueren auf geradem Weg nicht möglich ist, ja, vielleicht nicht einmal einen Zutritt erlaubt. Was früher Kennzeichen der Natur war, nämlich ambivalente Empfindungen auszulösen, ist übergegangen auf die Kunst. Dass Bulloch ihren Wald aus Fäden als vollständig künstlich inszeniert, trägt nicht nur einer modernen Ästhetik Rechnung, er folgt dem Zivilisationsprozess, der Natur mittlerweile kaum anders als bildhaft kennt. Trug die ästhetische Begegnung mit der erhabenen Natur im Jahrhundert der Aufklärung noch existenzielle Beitöne, ist heute

2 Jean-François Lyotard: »Das Erhabene und die Avantgarde«, in: Merkur 38 (1984), S. 151-164 (hier: S. 164).

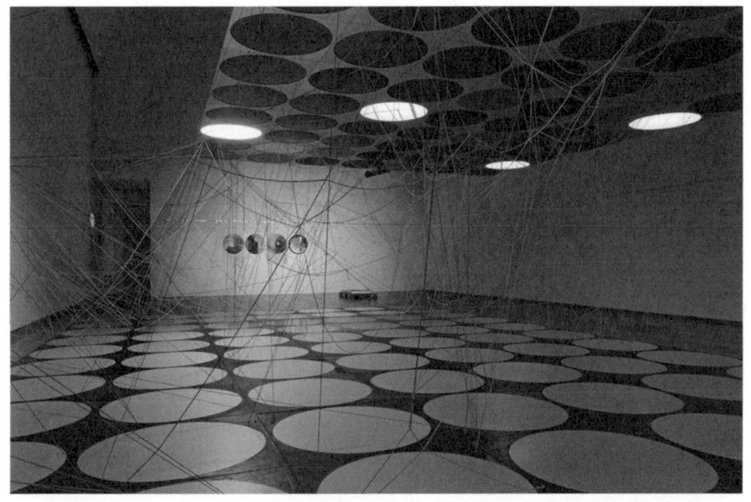

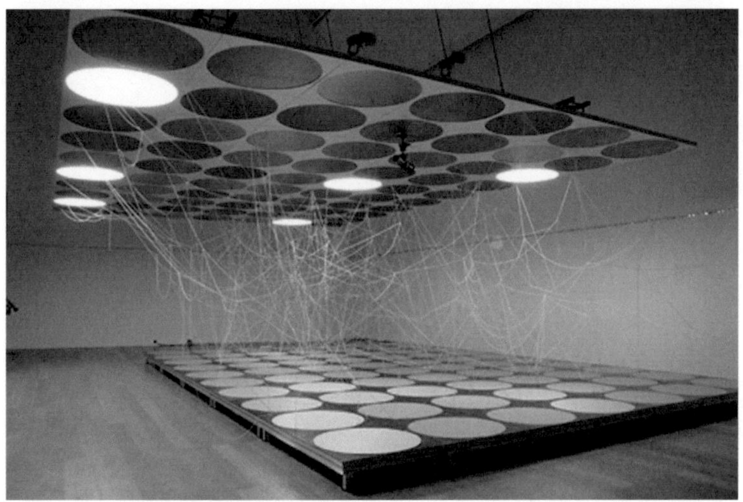

Angela Bulloch: Disenchanted Forest x 1001, 2005.

die Betrachtung von Kunst gefahrlos. Sie ist eine Gegebenheit, die ganz und gar ins Zeichen *sublimiert* ist. Ihr Gefährdungspotential liegt allenfalls darin, dass sie sich der Verständlichkeit entzieht.

Ambivalenzen der Hängung. Annette Messager

Besichtigen wir die Kunstwelt Annette Messagers, sind wir in ein hybrides Reich versetzt aus Kinderzimmer, Präparatorenwerkstatt und softer Textillandschaft. Unheimlich ist die Zusammenstellung des Kuscheligen und Starrenden, des Farbenfrohen und Bedrängenden. In dieser Welt haust das Tote, dem die Reste eines bewegenden Traums oder einer Erinnerung anzuhaften scheinen. *Kleine Effigien* hat Messager einmal eine Gruppe von Objekten genannt und damit einen Hinweis gegeben, dass ihre Bildnisse auf eine Abwesenheit hinweisen. Abwesenheit von Lebendigkeit, von Spiel und Kindheit? Messager konstruiert einen Hades, in dem die untergegangene Kinderzeit nicht als nostalgische Reminiszenz, sondern als postmoderne Version bosch'scher Fantastik ansichtig wird: Monstrositäten und Grimassen erzählen von Qualen und Verlusten.

Die starke Bildlichkeit mit ihren vielfältigen Verweisen wird in einer Reihe von Installationen getragen von Wollfäden, Schnüren oder Seilen.

Mit diesem Material kommt ein figurationsloses Element in die Kunst Messagers, das zunächst wie ein Hilfsmittel oder Werkzeug anmutet. Für gewöhnlich werden bei Hängungen von Kunstwerken die Befestigungsvorrichtungen verborgen gehalten. Wenn diese bei Messager nun offenkundig werden, so ist damit kein modischer selbstreferentieller Verweis auf das Ausstellungswesen verknüpft. Vielmehr inszenieren die Fäden das Bild und gehören integral zu den Ensembles. Stärker als die Stofftiere und Puppen operieren sie auf dem Feld der Metapher, die aus dem jeweiligen Kontext ihrer Verwendung entspringt. Sie wechseln von Objekt zu Objekt ihre Semantik und bilden auf diese Weise eine assoziative Reihe.

Erstes Beispiel: In *Articulés – Desarticulés* (Gegliedert – Ausgerenkt) rufen die Fäden, an denen die Figuren von der Decke hängen, die Strippen des Puppenspielers wie auch die Stricke des Folte-

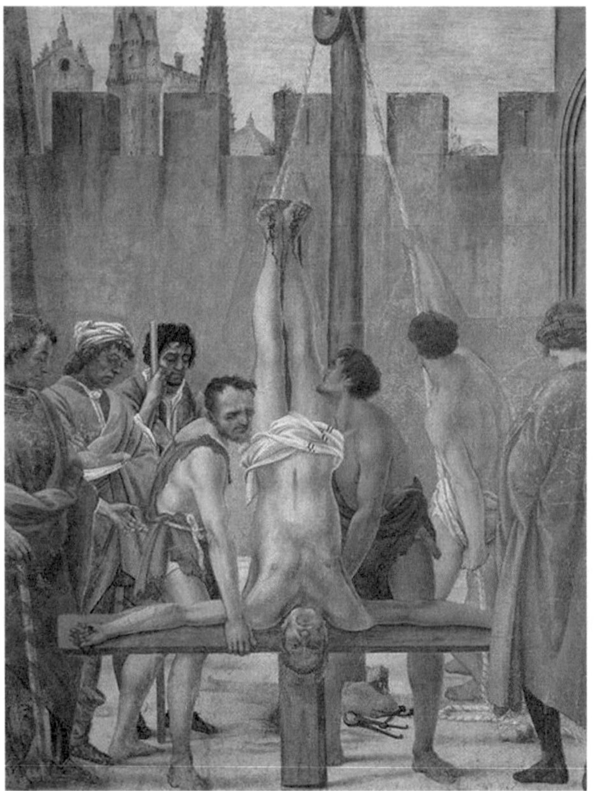

Filippino Lippi: Kreuzigung des Hl. Peter, c. 1481-82.

rers ins Gedächtnis. Der eine führt seine Wesen aus unsichtbarer Höhe, der andere hängt seine Opfer kopfüber auf, um sie zu wehrlosen Objekten zu degradieren. Auf dem Boden liegen verstreut die Getöteten, umtanzt von den Marionettengespenstern, die als karnevaleske *memento mori* fungieren.

Die Nähe zum Tod und zur Folter haben auch jene Objekte, die an das Handwerk des Pathologen, Präparators oder Jägers erinnern. Aufgespannte Häute, die die Wände wie Ornamente schmücken, werden von zarten Fäden gehalten. Undeutlich zwischen Grausamkeit und Sorgsamkeit angesiedelt, signalisieren die Fäden die Metamorphose des Körpers zum Ausstellungsstück. Den Körper halten, den Körper wehrlos machen. Die Fäden sind Stellvertreter der Hände, die das tote Objekt wie an spitzen Fingern halten. Vorsicht und

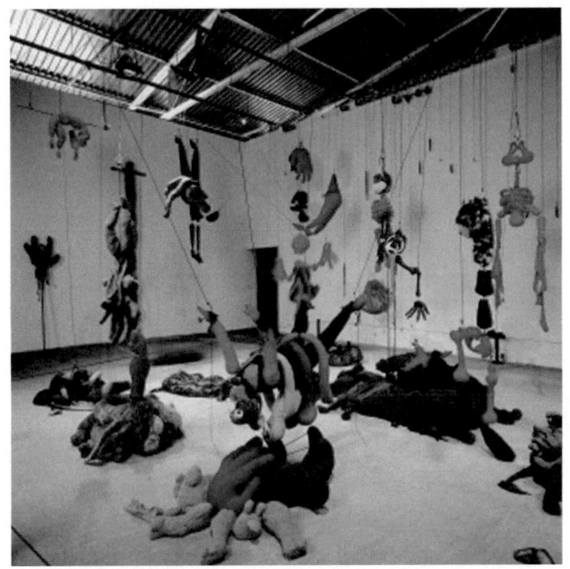

Annette Messager: Articulés – Desarticulés, 2002.

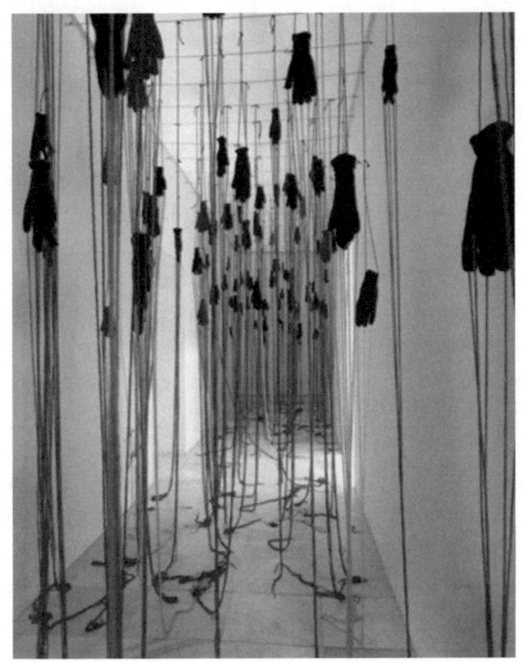

Annette Messager: Wollene Finger, 1998.

Ekel, Akkuratesse und Gewalt siedeln bedeutungshaft in ihnen und sorgen dafür, dass die Häute sowohl ästhetisch erscheinen wie auch eine Tabuzone markieren, wo die Überbleibsel als Abjekte Platz finden.

Diese Andeutung des Reinigens und der Symbolwerdung weist auf das Grundmerkmal bei Messager: die Ambivalenz. Diese wird auf unterschiedlichen Niveaus ins Kunstspiel gebracht. So wird durch den Einsatz der Fäden das Schwere gleichzeitig schwerelos, werden die gehängten/gehenkten Körper zu Geisterwesen: Leblose Objekte nähern sich der Halluzination. In einigen Titeln kommt diese Gegensätzlichkeit zum Ausdruck: *Dépendance – Indépendence*, *Articulés – Desarticulés*.

Das Fadenmaterial wird aber nicht nur als Halterung genutzt, hin und wieder gestaltet die Künstlerin es so, dass es zu verfließen scheint. Die Fäden strömen von oben herab, erfüllen den Raum und mögen ihn gar überfluten. Messager selbst hat *Dépendance – Indépendence* mit Regen verglichen. Die weichen Fadenstriche umhüllen denjenigen, der die Landschaft durchstreift, und er spürt die besondere Qualität des Textilen, das unentschieden zwischen dem Aggregatzustand des Festen und Flüssigen angesiedelt ist: Körperhaftes, mit dem der Besucher nicht zusammenprallt, sondern das an ihm vorbeistreicht.

Aber es ist vor allem die vertikale Bewegung, die die Gleichzeitigkeit eines Doppelsinns ergibt. Die an den Fäden baumelnden Objekte sind sistiert zwischen Sturz und Auferstehung; sie sind sowohl der Trivialität wie auch der Erhabenheit, dem Menschlich-Erdigen wie dem Göttlich-Himmlischen nahe. Das Gemisch aus Gespenstischem und Materiellem, aus Sinnlichkeit und Tod generiert eine Zwischenzone, die Ähnlichkeit hat mit sakralen Räumen. Die trophäenhafte Ausstellung von geschlachteten Körpern und *disjecta membra*, ihre *Erhöhung* im tatsächlichen wie im übertragenen Sinne ist ein Topos sowohl im archaischen wie im christlichen Mythos.

Aufgerufen wird die Welt der Reliquien und Totemtiere. Die Hängung an Fäden kommt der Einrichtung eines Verehrungsortes des Toten gleich. An ihm erscheinen die Körper – allerdings anders als auf dem Friedhof – als gereinigte Objekte, nicht erdbeschmutzt, nicht blutig, nicht dem Schicksal der Staubwerdung unterworfen, sondern als heilige Ikonen. Wenn Messager in *Wollene Finger* Fäden durch Handschuhe laufen lässt, die Himmel und Erde zu verbinden scheinen, dann findet sie ein Bild für die Ambiguität von Be-

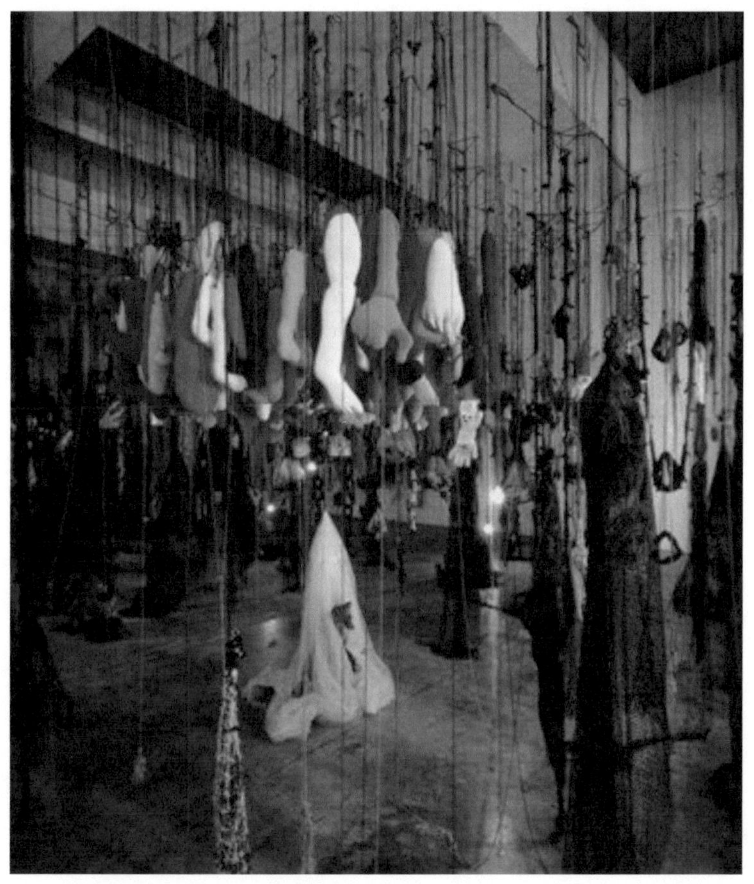

Annette Messager: Dépendance – Indépendence, 1996.

rührung und Distanz: Die heiligen Körperstücke kommen zum Menschen, bleiben aber gleichzeitig entrückt. Es mutet wie ein Kompromiss aus sinnlicher Materialität und kastrierender Symbolhaftigkeit an, dass der Betrachter von den Wollstrichen eingehüllt wird, die ihm eine fühlbare Aura darstellen.

Am Ende rufen die Fäden in ihrer fesselnden wie ausstellenden Funktion auf, was das Schicksal heiliger Gegenstände ist: die brutale Opferung, der ein initialer Hass unterliegt, und die nachträgliche Idolarisierung. Beides kann in eine Unheimlichkeit sich verwandeln und den sakralen Raum mit einem Gespinst aus Schuld und Lust versehen.

Im Fadenreich Messagers ist nichts wirklich sicher, denn das, was weich erscheint, vermittelt den Sinn der Härte, was überhöht dargestellt wird, verkörpert eine Erniedrigung. So harmlos der wollene Faden in seiner kindhaften Farbigkeit erstrahlt, er ist das Mittel, um den Tod in die Schwebe zu bringen. Er wird verschoben in die Betrachtung, wo er die Wirklichkeit des Ästhetischen annimmt. Messagers wollene Striche erzeugen eine Leichtigkeit, die die Möglichkeit des makabren Lachens bieten. Bei allem Anspielungsreichtum auf die Tradition des Sakralen, die Kunstgeste ist profan und die getöteten Leiber haben nie gelebt. Das Fest der Kunst erzählt vom Schrecken der Tötung, ist aber letztlich keine kompensatorische Folge der Trauer um die Opfer[1] – denn diese hat nie stattgefunden.

1 Vgl. Sigmund Freud: »Totem und Tabu«, in: ders., Studienausgabe, Bd. IX, Frankfurt/M. 1974, S. 287-444 (hier: S. 424-425).

VOM KÖRPER ZUR SCHRIFT. BIRGIT BRENNER

Nach einem bekannten Theorem, das vor allem durch Sigmund Freud und Marshall McLuhan bekannt wurde, sind Medien Prothesen: Wo der Mensch etwas bewirken oder aufnehmen möchte, das über die natürliche Kapazität seiner körperlichen Ausstattung hinausreicht, dort ist er auf Medien angewiesen. Das Wort Prothese ist in diesem Sinne vor allem eingeführt im Bereich der Behinderung. Medien sollen hier die Beeinträchtigung oder den Ausfall von Organen ausgleichen.

Kann ein Faden ein Medium sein? Die Geschichte der Arachne hatte bereits gezeigt, dass mit dem Mittel des Fadens ein machtvolles Sprechen in Bildern möglich ist.[1] Mit dieser Geschichte beginnt Ovid das sechste Kapitel in den Metamorphosen. Enden lässt er es mit den tragischen Begebenheiten um Philomela, die ebenfalls mit der Fadenkunst aufzuwarten versteht. Sie fordert jedoch nicht die Götter heraus, sondern begegnet mit der Webkunst dem Verlust ihrer Sprache, den sie durch gewaltsame Verstümmelung erleiden musste. Die Geschichte, in kurzen Zügen erzählt, ist folgende: Tereus, thrakischer König, hatte die Schwester Philomelas, Prokne, geheiratet. Die Schwestern lebten lange getrennt, die eine in Athen, die andere in Thrakien. Die Sehnsucht der Schwestern nacheinander aber ließ den Plan einer Zusammenführung wachsen. Tereus brach auf, um Philomela nach Thrakien zu bringen. Schon bei der ersten Begegnung mit ihr fasst Tereus den verbrecherischen Entschluss, die Schöne zu entführen. Mit der Lüge, dass Prokne gestorben sei, gelingt es ihm, Philomela zu einer Heirat mit ihm zu bewegen. Doch schon bald darauf erfährt die Getäuschte durch Gespräche der Diener, dass ihre Schwester lebt. Philomela beschwört Tereus, seine Schuld öffentlich einzugestehen. Doch Tereus reagiert mit Gewalt: Er schneidet Philomela die Zunge ab, um sie fortan in einem Gefängnis als – in moderner Sprachverwendung – Sexsklavin zu hal-

1 Siehe »Arachne. Mythos als Kunstsoziologie« in diesem Band.

ten. Prokne gegenüber reproduziert er seine Lüge vom Tod der Schwester.

Die mediale Situation: Verlust der Sprache bei Philomela, Kanalunterbrechung zwischen beiden Schwestern. Doch ist Philomela erfindungsreich in ihrem Schmerz und nutzt die Webkunst als Prothese für die verlorene Sprache. Mit Hilfe des Fadens gelingt es ihr, Wahrheit und Anklage auszusprechen und Kommunikation möglich zu machen:

»Purpurne Zeichen verwebt sie hinein in die Fäden, die weißen / So das Verbrechen enthüllend, und gibt einer Magd, was sie wirkte, / Deutet ihr an, es zur Herrin zu tragen. Und sie, wie geheißen, / Bringt es zu Progne; doch was es enthält, sie kann es nicht wissen. / Aber die Gattin des grimmen Tyrannen entrollt das Gewebe / Und entziffert die klägliche Kunde des eigenen Schicksals [...].«[2]

Mit der Enthüllung reißt die Geschichte fort in einen Strudel aus Rache, Tod und Verwandlung. Das Ende muss nicht erzählt werden. Signifikant an diesem Mythos ist der Transport des Leids in und durch gewebte »purpurne Zeichen«. Auch dies – die Medialisierung, die Prothetisierung – kann als Metamorphose bezeichnet werden. Nicht die ovidsche Wesensverwandlung von Mensch zu Tier ist in diesem Fall gemeint, sondern die Transformation eines Aspekts von Leiblichkeit, der sich in Schmerz und Verlust darstellt, in eine davon abgelöste Zeichenhaftigkeit. Aus dem körperlichen Trauma entwickelt sich ein Begehren nach Außenwendung, nach Ausdruck.

Hat Philomela mit dem Faden geschrieben oder damit gezeichnet wie Arachne? Der Unterschied zwischen Schrift und Bild ist nicht entscheidend, sondern der Botschaftscharakter ihrer Zeichenpraxis. Das Subjekt muss den Schmerz entäußern, sagen, was der Fall ist.

Ich mache einen Zeitsprung in die Gegenwart. Zwischen 1999 und 2001 hat Birgit Brenner in künstlerischer Fiktion das Leben einer Frau entworfen, das bei aller Unterschiedlichkeit zum Lebensschicksal, wie der Mythos es entwirft, eine offenkundige Parallele enthält: Hier wie dort ist es der Faden, der aus der Stummheit seiner Materialität zum Sprechen gebracht wird.

---

2 Ovid: Metamorphosen, übersetzt und herausgegeben von Hermann Breitenbach, Stuttgart 1971, S. 203.

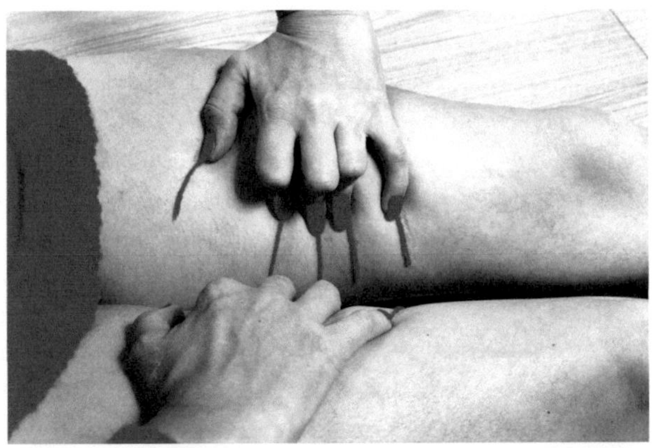

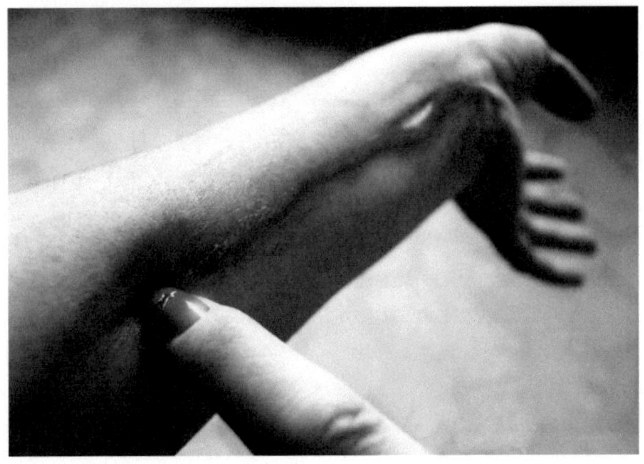

Birgit Brenner: Die Angst vor Gesichtsröte, 1999–2001.

Angst vor Gesichtsröte – so der Titel der Arbeit – wird in acht Akten erzählt, wobei im Zusammenspiel von Körperinszenierungen und Texten unterschiedlicher Genres ein biografisches Stimmungs- und Lebensbild evoziert wird.

Sind es bei Philomela die reale Einkerkerung und die leibliche Versehrtheit, so sind es bei Brenners Namenlosen das psychische Eingesperrtsein und die seelische Verletzung, die ihr Leid ausmachen. Aus den Texten (Bekenntnis, psychiatrisches Gutachten, Interview) erfahren wir, dass sie von Ängsten, Zwängen, Depressionen sowie psychotischen Symptomen heimgesucht wird. Nähe erduldet sie nur schwer, daher erlebt sie Erleichterung in der Einsamkeit. Suizidale Erfahrungen und Fantasien haben ihr Leben begleitet. Der Titel der Arbeit bezeichnet ihre Furcht, sich »vor anderen durch Gesichtsröte, Weinen und sonstigen sichtbaren Gefühlsregungen zu blamieren«.[3]

Brenner gibt dieser psychischen Situation bildhaft Ausdruck durch Verwendung eines roten Fadens, der als Transformationsmedium durch verschiedene Inszenierungen läuft und entsprechend seine symbolische Funktionen ändert.

Vor dem Hintergrund der mythischen Erzählung erhellt sich die moderne Metamorphose des Fadens als eine Bewegung, die aus dem Körper kommt, sich allmählich von ihm loslöst und in den Raum der Sprache übertritt. Diese Bewegung ist in vier Stadien zu rekonstruieren:

1. Stadium: das Blut. Auf zwei Bildern sehen wir, wie der rote Faden reliefartig auf der Haut liegt und als Bild ausquellenden Blutes erscheint. Scharfe Fingernägel scheinen die Haut eingeschnitten zu haben, einmal in selbstverletzender Geste in die Beine, das andere Mal in selbsttötender Manier entlang der Schlagader des Arms.

2. Stadium: die Fesselung. Der Faden hat sich verlängert, er ist mehrfach um Beine und Füße gewickelt, bindet beide Gliedmaßen derart zusammen, dass die Bewegung bis zur Erstarrung eingeschränkt ist. In der Dichte der Wickelung hat der Wollfaden noch die Anmutung einer Haut, ist aber auch schon nicht mehr Körpersymbol, sondern Ausdruck der Unfähigkeit hinauszugehen sowie der Zwänge und des Eingeschlossenseins.

3 Birgit Brenner: »Angst vor Gesichtsröte«, in: http://www.eigen-art.com/Kuenstlerseiten/KuenstlerseiteBB/avg.pdf, S. 6, vom 2. Februar 2007.

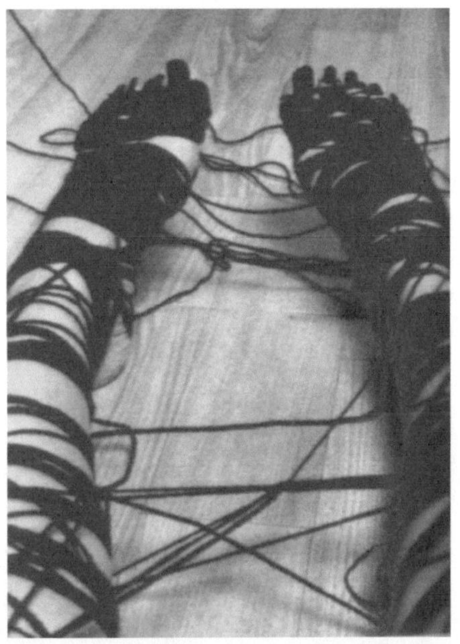

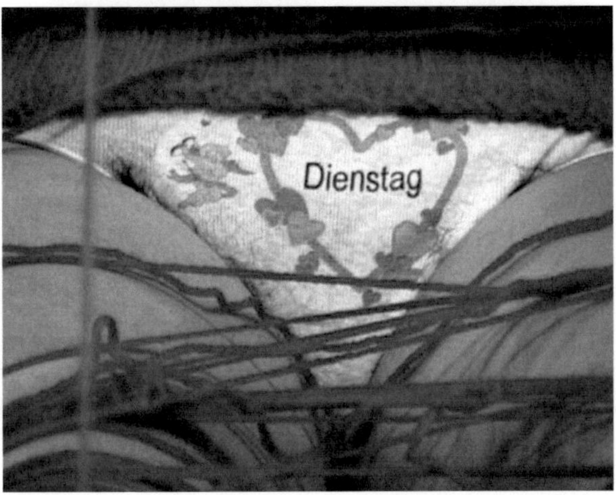

Birgit Brenner: Die Angst vor Gesichtsröte, 1999–2001.

3. Stadium: die Kleidung. Die Namenlose hat sich aus dem Faden einen roten Pullover gestrickt. Seine Besonderheit: Er reicht über das Gesicht bis zum Haaransatz; lediglich zwei Löcher für die Augen geben den Blick auf das Gesicht frei. Auch dieses Kleidungsstück zeigt die Dichte des Symptoms. Einerseits ist er Schutz vor den Blicken, er verbirgt das Erröten und die Emotionen, die sich auf dem Gesicht zeigen. Andererseits ist seine Farbe genau der Ausdruck des Errötens, das so sehr gefürchtet wird.

Aber wieder ist das Material ein Stück weit vom Körper befreit und erlaubt eine Erleichterung von den Qualen. Der Pullover gibt Bewegungsfreiheit und Schutz.

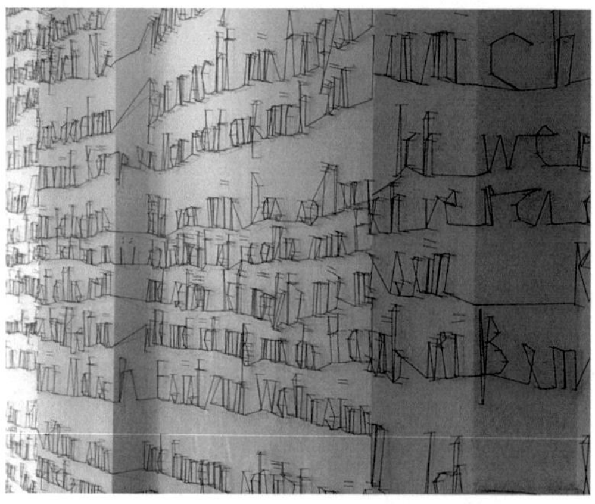

4. Stadium: die Schrift. Die Autorin Brenner hat ihrer Protagonistin eine Art Selbsterklärung zugedichtet. Vielleicht eine Beichte oder ein psychoanalytisches Sprechen. Brenner hat diesen Text an die Wand von Ausstellungsräumen gebracht, indem sie den roten Wollfaden mit Hilfe von Nägeln in Schrift verwandelt hat. Schon bei Philomela waren die Zeichen in purpurner Farbe gewebt und damit eine Anspielung auf den blutenden Leib. Bei Brenner kommt ein weiterer Verweis auf die Herkunft hinzu: Dass der Textfaden exakt die Länge des Fadens hat, aus dem der Pullover gefertigt wurde, zeigt die Transformation vom Körper zur Schrift, von der Verhüllung zur Entblößung, vom Schweigen zum Sagen an.

Blut – Fessel – Kleidung – Sprache: Damit ist die letzte Stufe in der Verwandlung und Aufhebung erreicht. Fern vom Körper und nicht mehr die Morphologie des Körpers nachahmend hat der Faden

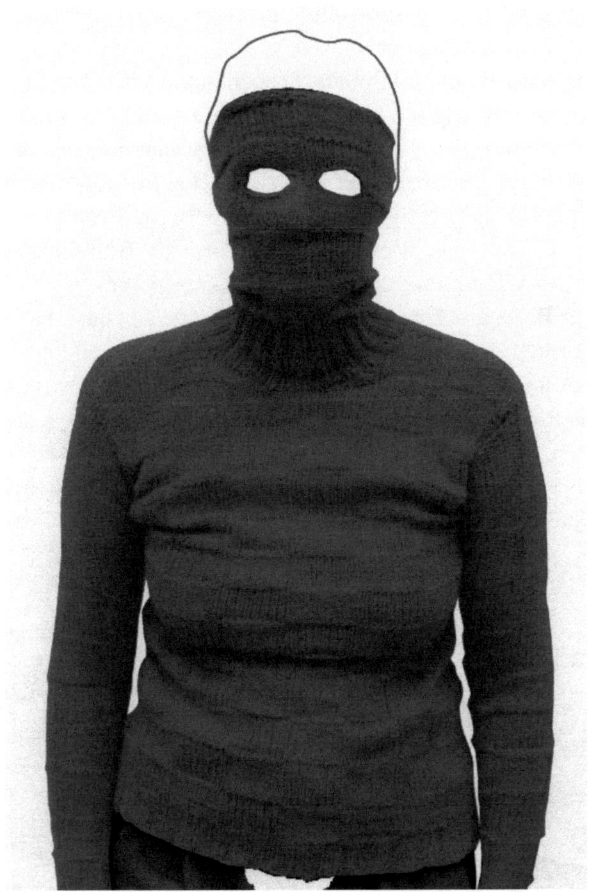

Birgit Brenner: Die Angst vor Gesichtsröte, 1999–2001.

die volle Kraft des Symbolischen erreicht. Er ist nicht länger ein narzisstisches Leibfragment.

Zwar schreibt die fiktionale Protagonistin an einer Stelle: »Es kribbelt wie wild und ich muß mir die Haut vom Leib reißen«[4], womit auf der Ebene der Textaussage die reale Haut gemeint ist. Wenn sich jedoch auf der Ebene der künstlerischen Installation ebenfalls die Haut ablöst, so erfolgt hier eine symbolische Ersetzung – nicht mit dem Effekt einer Verletzung, sondern als Befreiung aus der Struktur des Wiederholungszwangs und des Agierens.

Birgit Brenners Erfindung eines fiktionalen Lebens hat mit der Idee des roten Fadens eine Umschrift des Mythos geliefert: Schreiben als Akt der Befreiung durch Prothetisierung. Aber ist der Begriff der Prothese noch angemessen? Ein Jenseits des Körpers ist entstanden, ein Jenseits des Leidens. Der Faden, bei Philomela wie bei der Namenlosen, hat einen Weg angetreten, der fort vom Körper führt. Der Faden, die Schrift – eine Telethese.

4 Brenner: »Angst«, S. 4.

DIE LEBENDIGKEIT DES TOTEN. TERESA MARGOLLES

Ein Faden durchquert einen leeren Raum. Präziser: ein zusammengestückelter Strang, zusammengeknotet aus vielen kleinen Fäden. Weiter nichts. An den Verbindungsstellen störrische Enden, die eigensinnig die Linie verlassen.

Der Patchwork-Faden erscheint dem Betrachter wie ein Artefakt des Unfertigen, des Behelfsmäßigen, das im Widerstreit mit der Reinheit und klaren Geometrie des klinisch-weißen Raums steht.

2006 hat die mexikanische Künstlerin Teresa Margolles diesen Faden aufgespannt und der Installation den Titel *127 cuerpos* gegeben. Die aufgerufenen 127 Körper sind ganz offenkundig 127 abwesende Körper. Der Titel begleitet als kaltes Medium die Szene und versetzt die Imagination des Betrachters in Unruhe. Denn was wir nicht sehen, aber wissen sollen: Das Objekt besteht aus Fäden, die in der Gerichtsmedizin verwendet werden. Es handelt sich um Reste von Fäden, mit denen nach der Autopsie die Opfer von Gewaltverbrechen in Mexiko vernäht wurden. Jedes Fadenstück entspricht einem Körper. Von Entsprechung zu schreiben, verfehlt in einem wichtigen Aspekt den Charakter der Installation, denn das Material hat Spuren der Leichen aufgenommen, ist zum Träger von Restkörper geworden. Eine sinnhafte Spannung kommt damit ins Spiel: Der Faden ist das Archiv für das Wertlose, das Unbeerdigte aber auch für das Nicht-Beherrschbare. Es geschieht also eine Verwandlung, dem Wertlosen wird die Würde eines Kunstwerks gegeben.

Bekannt wurde die Künstlerin mit ähnlichen Interventionen in die Wirklichkeit der Leichen: So ließ sie zum Beispiel Seifenblasen aus dem Reinigungswasser eines Leichenschauhauses auf das Museumspublikum sinken, breitete ein riesiges Leichentuch oder Bettlaken mit blutigen Abdrücken von Leichen aus.

Ein Konflikt wird spürbar zwischen dem, was wir als Abfall bezeichnen können und einer Rettung, die das Fast-Verlorene einer musealen Konservierung zuführt. Margolles verweist auf eine spezifische Gewalt in der Realität Mexikos, auf die Armut und das darin aufflackernde Verbrechen mit seinen Opfern. Viel feiner jedoch gibt sie einen Hinweis auf das Problem des Wertes und der Symboltauglichkeit von Dingen. Die Frage lautet: Was wird aufbewahrt, was wird dem Müll und damit dem Vergessen überantwortet? Die in die Fäden eingesickerten Körperflüssigkeiten sowie die Mikroreste von Haut zeigen, dass das, was Fäulnis und Schmutz war, nun zum Symbol eines Augenblicks wurde, in dem die Zweckmäßigkeit der Gerichtsmedizin mit einer pathetischen Kunstgeste pariert wurde. Das Abgelebte wird noch einmal zum Scheinen gebracht und ihm die Dignität einer Sichtbarkeit verliehen. Die realen Körperreste wie auch die Fadenreste sind verstehbar als melancholische Symbole eines Nicht-Loslassens, einer Melancholisierung des toten Objekts: In der Melancholie schwindet die Tatkraft zugunsten eines Eingedenkens, einer Versunkenheit ins Verlorene, die durch das Werk potenziell verewigt wird.

Die Arbeit von Margolles ähnelt strukturell der Trophäe, die allerdings auf der Gegenseite der Melancholie, auf der manischen Seite des Todeszeremoniells zu finden ist. Auch die Trophäe stellt ja das Tote in Gestalt von Leichenteilen (Geweihe, Köpfe, Zähne, Füße, Gebisse etc.) aus, um eine ruhmvolle Tat in die Erinnerung zu heben. Die Beziehung zur Kunst erhellt sich vor allem mit Rückblick auf die ursprüngliche Bedeutung des altgriechischen Begriffs des *tropaion*. Auf dem Schlachtfeld sammelte man Überbleibsel von Waffen und Rüstungen der geschlagenen Feinde auf, um sie an einem Pfahl zu befestigen. Zunächst nur auf den Schlachtfeldern aufgestellt, wanderten diese Trophäen später in die Städte, wo sie als Siegeszeichen und Denkmal fungierten sowie zuweilen religiös aufgeladen wurden.[1] Die Kunst übernimmt die trophäisierende Potenz dort, wo sie von der Wirklichkeit etwas erhält und daraus ihre Siegeszeichen macht, die möglichst an Orten der Verehrung aufgestellt werden. Das Stückhafte und Montierte, hinter dem der lebendige Zusammenhang unsichtbar wird, ist hier wie dort charakteristisch.

Trotz der Nähe zu dieser Form der Erinnerungskonstitution ist die Differenz im Werk Margolles eklatant: Die Künstlerin verkehrt

1 Siehe Andreas Jozef Jansen: Het antieke tropaion, Diss. Nijmegen, Lederberg/Gent 1957. Gunnar Schmidt: »Trophäe. Ästhetisierung der Melancholie«, in: Fragmente, 44/45 (1994), S. 245-254.

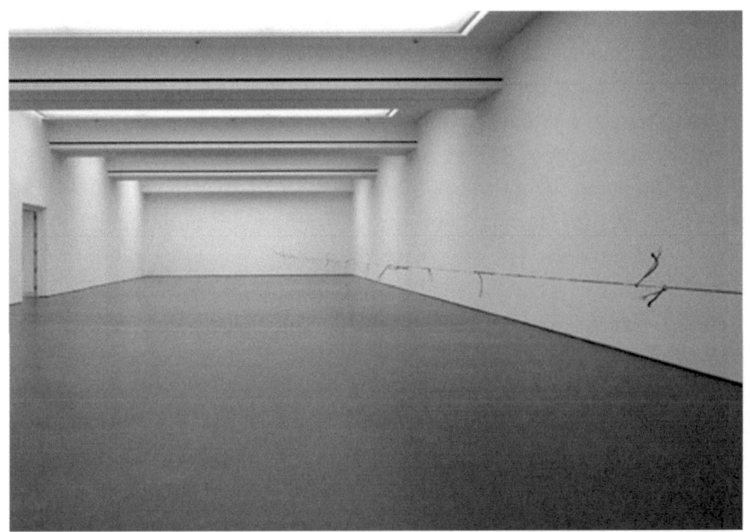

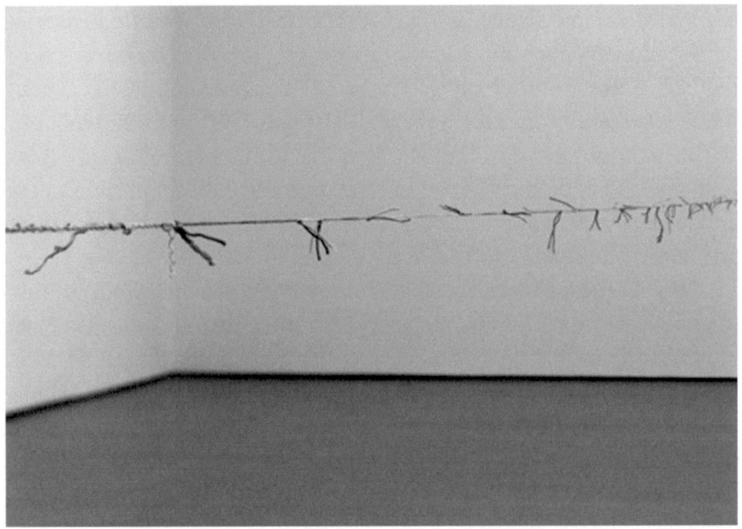

Teresa Margolles: 127 cuerpos, 2006.

die manische Trophäisierung in ein Gedenken, das Traurigkeit und vielleicht Schaudern hervorruft. Neben der dezidierten Glanzlosigkeit ihrer Installation ist es vor allem die Übernahme realer Körperspuren, durch die eine durchgreifende Bearbeitung des Kunstgegenstandes, mit dem Ziel reiner Zeichenhaftigkeit, vermieden wird. Den Spuren der Toten haftet etwas Obszönes an, sie sind nicht auf der Höhe des gereinigten, von der Körperlichkeit enthobenen Symbols. Andererseits ist die Abstraktion der Fadeninstallation ein Schutz. Erst die Beigabe des Wissens um den Prozess der Werkentstehung erzeugt einen Imaginationshall im Betrachter. Im Zusammentreffen von Artefakt und Wissen erfolgt auch der Zusammenprall mit dem Ausgestoßenen oder Verworfenen, der den Gedanken zurückführt zu dem Augenblick, an dem die Dinge aus den Händen oder aus dem Blick gerieten. Das Schweben zwischen Kunstsache und Lebensnähe, zwischen Hart-Faktischem und Weich-Symbolischem bringt die Schwierigkeit des Übersetzens ins Spiel. Margolles macht oberflächlich gesehen einen bildhaften Kommentar zu einer Wirklichkeit, die sie in Mexiko antrifft. Der gespannte Faden ist darüber hinaus auch ein kunstimmanenter Verweis für die Unmöglichkeit, diese Wirklichkeit in Kunst zu übertragen. Alles ist Stückwerk, *pars pro toto*. Der Tod, auf den der Titel indirekt anspielt, findet nicht nur auf den Straßen Mexikos statt, er ist auch eine Realität der Kunst, die das Leben in eine starre Gegebenheit und in eine armselige Andeutung verwandeln muss. Aber genau diese Armut des Fadens ist seine Kraft.

Die Aufgespanntheit des Fadens erzeugt einen Assoziationsreichtum, der zurückweist auf die verlorene Lebendigkeit. Das Sehnige, das Nicht-Schlaffe, die zarten Vibrationen der Saite, die Verbundenheit der Einzelfäden werden lesbar als Metaphern der Vitalität. Die Darstellung des Nicht-Darstellbaren läuft letztlich auf die Evokation einer Vorstellungswelt hinaus, in der nicht der Rückruf einer (sozialen, politischen, alltäglichen etc.) Wirklichkeit entscheidend ist, sondern eines Denkens der Empfindungen. Nicht der konkrete Tod oder das konkrete Leben der 127 berührt uns; vielmehr ist es der Kontakt mit einem Bild, das *unsere* Existenz berührt.

Die Möglichkeit der Präsenz. Rosemarie Trockel

Nimmt man einen panoramatischen Blick auf das Oeuvre Rosemarie Trockels, so fällt die Vielzahl an Materialien und Medien auf, mit und in denen die Künstlerin arbeitet. Doch haben jene Objekte das Image des Werks entscheidend geprägt, in denen Wolle eine entscheidende Rolle spielt: Wollbilder, Kleidungsstücke wie Mützen, Pullover, Kleider und Möbel, Skulpturen, Videos. Trockel ist immer die Spielerin, die ihre Arbeiten auf Ironisierung, kunstgeschichtliche Allusionen und hintergründige Provokation abstellt.[1] Es ist eine Kunst über Kunst und eine Kunst, die mit den Trivialzeichen der Wirklichkeit operiert – etwa, wenn sie auf der einen Seite Wiedererkennungssignale aus den Werken kanonisierter Kollegen wie Fontana, Klein, Warhol oder Malewitsch in der von Maschinen verstrickten Wolle zum Ornament trivialisiert oder kommerzielle wie politische Logos (Hammer und Sichel, Hakenkreuz, Playboy-Bunny, Wollsigel) zur Kunstgeste aufwertet. Die Vermischung des Hohen und Niedrigen gelingt, weil Wolle den Nimbus des Hand- und Hauswerklichen, der vorkünstlerischen Wertlosigkeit hat. In analytischer Sprache ist dieser Sachverhalt auch anders zu formulieren: Das materielose Schema eines Zeichens (Logo, Signal) wird mit der Symbolkraft des Materials (Wolle) kontaminiert. Eingebracht ins System *Kunst* führt diese Strategie dazu, das Wertlos-Wertvolle reflexionswürdig zu machen und in den Kreislauf sich überlagernder Interpretationen zu bringen. Wolle ist nicht länger Wolle, sondern *Zeichen* der Wolle mit seinen kulturell etablierten Semantiken.

Ist dieses Kunstschaffen von dem Willen zum Humor gekennzeichnet, wie Interpreten meinen? Auch lässt sich im offenen und versteckten Anspielungsreichtum ein kühler Intellektualismus ausmachen, der an der Verwirrung normierter Zeichenhaftigkeit inte-

1 Eine Übersicht bietet der Ausstellungskatalog Rosemarie Trockel: Post-Menopause, Köln 2005.

ressiert ist. Oder ist dem Werk eine hysterische Struktur eingeschrieben, aus der die verführerischen Signale strömen, die permanent gedeutet sein wollen, ohne dass es eine Hingabe an einen finalen Sinn gibt?[2] Welche Sicht man auch einnehmen mag, dominant scheint das Kitzeln der Sinnbedürfnisse der Betrachter und professionellen Deuter zu sein. Trockel macht Sinn-Kunst, treibt alles ins Zeichenhafte.

In einem derartigen Kunstgeschehen scheint das Rohmaterial vollständig *aufgehoben* zu sein – bewahrt und ausgelöscht zugleich. Der Wollfaden verschwindet in der Masche, im Objekt und in der Aussage.

An zwei Stellen in der Werkhistorie jedoch taucht der Faden auf, unverstrickt, sich selbst als Objekt ausstellend. In der frühen Arbeit *Keller* von 1988 sind auf der Basis einer gestrickten Wollfläche feinste Plastikfäden gespannt. Wie die zarten Produktionen einer Spinne oder eines Seidenwurms bilden sie ein ungeordnetes Gespinst, das keine Funktion hat. Weder Netz noch Kokon, weder Masche noch Gewebe zeichnen diese Linien vorkünstlerischer, vorkultureller Materialität. Der Titel deutet auf den Ort, wo die kleinen Tiere in der Dunkelheit ihre Fäden spinnen, wo die Zeit sich in Form dieser subtilen Produktion ablagert. Damit wird das Bild zu einer Antithese all dessen, was für gewöhnlich der Kunst zugeschrieben wird: Sichtbarkeit, Konzeptualität, Ausdruck, Kommunikation.

Es ist bemerkenswert, dass es kaum gelingt, diese Nachzeichnung vorkreativer Arbeit, diese arachnische Strategie[3] nicht in den humanen Kosmos zu überführen. Aus der Hand einer Künstlerin kommend, besteht offenbar die Nötigung, das Rohe mit dem Großen und Ganzen der Kunstgeschichte zu verknüpfen. So sieht Barbara Engelbach darin Andeutungen auf die Kreativitätstheorie des

---

2 Es lässt sich beobachten, dass Interpreten Trockels die Tendenz haben, schweres theoretisches Geschütz zum Einsatz zu bringen. Das mag paradoxerweise gerade daran liegen, dass es Teil der trockelschen Arbeit ist, wie Isabelle Graw meint, Interpretationen zu torpedieren, »der Rezeption entgegenzusteuern oder sie zu verkomplizieren«. Siehe Isabelle Graw: »Ich nenne es strategische ödipale Fixierung« (Interview), in: http://www.taz.de/pt/2003/07/26 /a0248.1/text vom 9. Mai 2007.

3 Siehe »Arachne. Mythos als Kunstsoziologie« in diesem Band.

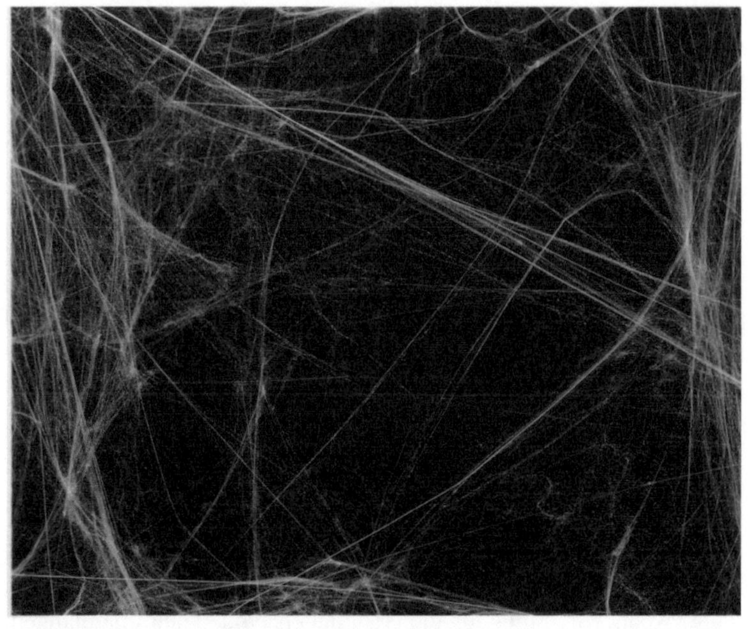

Rosemarie Trockel: Keller, 1988.

16. Jahrhunderts, auf die informelle Malerei der 50er Jahre und auf die Drippings Jackson Pollocks.[4] Es gibt also nicht die unschuldige Geste, alles ist Zitat, Rückverweis, der Zwang zur Aussage. Vor dem Hintergrund der Kunstkonzeption Trockels ist dieser Deutungsdruck verständlich, zumal das Bild den Gegensatz von kultiviertem Strickuntergrund und kreatürlichem Motiv offenkundig macht. Aber böte nicht eine lustvolle Naivität die Gelegenheit, das stark zu machen, was in theoretischer Begrifflichkeit *Präsenz* genannt wird.[5] Mit *Präsenz* ist die Hinwendung zu der Unmittelbarkeit der Dinge gemeint, eine sinnliche Nähe, die gegeben sein muss, noch bevor die Deutungsmaschine in Gang gesetzt wird.

Mit dieser *vorläufigen* Haltung taucht etwas bei der Betrachtung des Bildes auf, das dem ähnelt, was Marcel Proust als Anlass für seine literarische Produktion genommen hat: die Erinnerung an eine körper-seelische Berührung und Berührtheit. Sind es bei Proust die Köstlichkeiten eines Gebäcks, so können ebenso die Spinnweben in einem dunklen Keller uns mit fühlbaren Reminiszenzvorstellungen versorgen: Es ist die unangenehme oder gar unheimliche Empfindung, wenn wir, blind für die Spinnfäden, von ihnen eingefangen werden. Die Scheu, sie einfach mit der bloßen Hand fortzustreichen, weil sie unsichtbar auf der Haut kleben bleiben oder weil die Tierchen, so ungefährlich sie sind, mit mythischem Schrecken ausgestattet sind.

Eine derartige Intensivierung, die anstelle der distanzierenden Betrachtung die nahbringende Berührung setzt, kann als Aussetzen der Theorie aufgefasst werden – auch im wörtlichen Sinne, denn das Griechisch *theoria* bedeutet ursprünglich nichts anderes als *sehen, blicken*. Nun macht es Trockel dem Rezipienten allerdings nicht leicht, eine blicklose Haltung gegenüber den feinen Fäden einzunehmen: Das Medium des Bildes disponiert zur betrachtenden Position. Eine präsenzorientierte Rezeption wäre angewiesen auf das Angebot distanzaufhebender Unmittelbarkeit, die zu Empfindungen und die sie begleitenden Imaginationen einlädt.

---

4 Barbara Engelbach: »Muster Strukturen Ornamente«, in: Rosemarie Trockel, Post-Menopause, S. 33-41 (hier: S. 37).

5 Vgl. Hans Ulrich Gumbrecht: Diesseits der Hermeneutik. Die Produktion von Präsenz, Frankfurt/M. 2004.

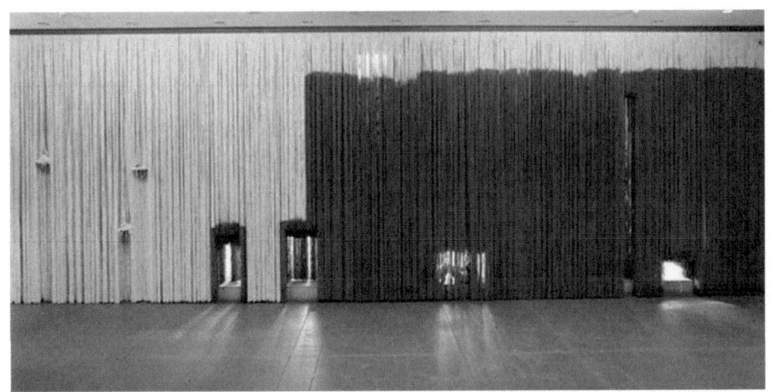

Rosemarie Trockel: Yes, but, 2005.

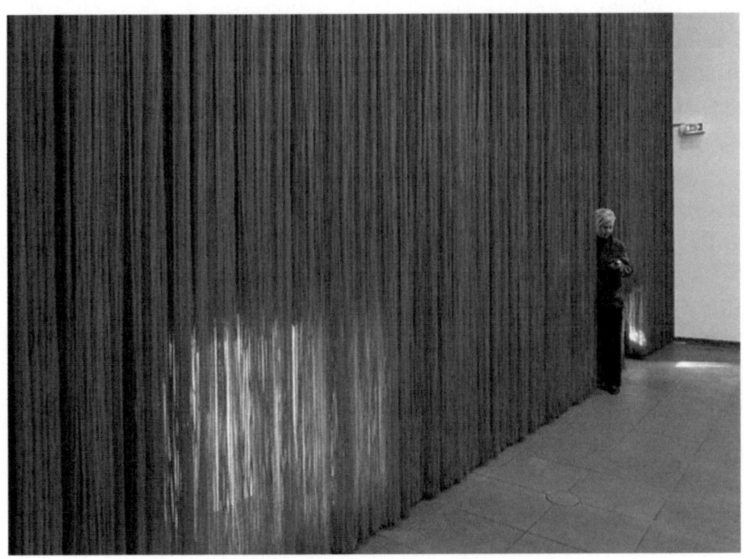

Die Künstlerin in der Installation.

An dieser Stelle ist auf eine neuere Installation einzugehen, die Trockel 2005 in einer großen Ausstellung mit ihren Arbeiten im Kölner Museum Ludwig eingerichtet hat.

Yes, But besteht aus hellen, dicken und frei hängenden Wollfäden, die zum Teil rot eingefärbt sind. Ähnlich einem Vorhang, der die Maße von 5x10 Metern und einer Tiefe von 80 Zentimetern hat, wird eine Außenwand mit ihren Fenstern verdeckt. Zum Teil sind Nischen freigegeben, in die man eintreten kann. Daneben sind oberhalb der Kopfhöhe Teller an der Wand angebracht, auf denen sich die Fäden spaghettigleich häufen.

Anders als *Keller* besticht diese Arbeit, wenn man sich ihr nähert, durch ihre materielle Präsenz und durch eine Freundlichkeit, die wie eine Einladung wirkt. Die Assoziation zur Banalität einer Spaghetti-Mahlzeit, die Rezensenten der Ausstellung wiederholt geäußert haben, kann als Beleg dafür genommen werden, dass die Dimension des Bedeutungshaften in den Hintergrund gerückt ist. Anstatt es zu bedenken, fordert das Objekt dazu auf, in es einzutreten, sich einen Weg zu den Fenstern oder einfach hinter den Vorhang zu bahnen.

Berühren ist explizit erlaubt, was der gewohnten Auratisierung und konservatorischen Vorsicht, der man in Museen begegnet, zuwider läuft. *Yes, but* ist kein Bild, mithin kein Fensterobjekt, das zur Schau in die Ferne, zur *theoria* ermuntert. Entsprechend haben die Besucher auch kaum Respekt gezeigt und sich spielerisch von dem Material einhüllen lassen, haben die Wärme erspürt, sich von den Fäden umfließen lassen. Kein vorsichtiges Betreten eines Kellers mit seinen Spinnweben, vielmehr heitere Kindhaftigkeit im *Umgang*.

Dieser Präsenzeffekt muss nicht gegen den hermeneutischen Impuls ausgespielt werden. Doch kommt in diesem Fall etwas von der Autoritätslosigkeit des Wollmaterials ins Spiel, die Trockel in früheren Arbeiten als semantischen Effekt genutzt hat. Jetzt interferiert die Alltäglichkeit der Fäden mit der distanzsetzenden, auf Blicklichkeit ausgerichteten Kunstkonvention und stört sie. Ist die Kunst damit in Gefahr gebracht? Sie gewinnt etwas zurück oder nimmt zumindest die Sehnsucht nach etwas auf, das vielleicht nicht möglich ist: Unmittelbarkeit.

Stille.
Chiharu Shiota

... und es war so still, daß einer seinen Athem hörte ...
Grimms Märchen, Dornröschen

Hebt man den medialen Wesenszug der bildenden Kunst als einer ton- und geräuschlosen Kunst hervor[1], so kommt erst zu Bewusstsein, wie wenig in der Rezeption dieser Sachverhalt wahrgenommen wird. Dies mag daran liegen, dass die Konvention der Versenkung, der ruhevollen Meditation wirkstark in unserer Kultur verankert ist. Eine andere, phänomenologische These ist dagegen zu formulieren: Das Schauen und die – im Idealfall – damit verknüpfte Reflexion vermag eine Art Klanglichkeit im Rezipienten zu erzeugen. Das Wort von der Klanglichkeit ist ganz und gar nicht metaphorisch gemeint. Das Denken ist nicht leise, es kratzt und rumort, es braust und ruft; die Wörter und Wortfetzen, die in der Gehirnschale sich bewegen, werden von ihrer Lautlichkeit begleitet. Dies wird zumeist kaum wahrgenommen, denn man müsste sich teilen und sich beim Sinnieren zuhören, wie man Radio hört. Doch wer schon einmal bis zur Erschöpfung in Gedanken war, der kennt den Moment, in dem die deutliche Empfindung von Stille und Reglosigkeit eintrat. Plötzlich kommt nichts als der eigene Atem, die müden Augen oder die Spannungslosigkeit der Muskeln zur Kenntnis. Die Außenwelt wie die Innenwelt sind wie abgeschaltet. Und man wird gewahr, welcher Lärm des Denkens und Empfindens die ganze Zeit geherrscht haben muss. Bildende Kunst kann diesen inneren Lärm verursachen, sie kann ihn verstärken.

---

1 Selbstverständlich gibt es geräuschvolle kinetische Objekte und Klangkunstinstallationen, doch stellen diese Kreationen Hybridformen dar, die in der Kunstentwicklung sehr spät entstanden sind.

Diese phänomenologische Beobachtung soll als Vorwort zur Betrachtung der Installationen Chiharu Shiotas dienen. Die japanische Künstlerin erschuf seit 1996 an unterschiedlichen Orten durchfädelte Räume, in denen oft Betten aber auch andere Gegenstände wie Tisch und Stuhl, Waschbecken, ein Kleid sowie – und hier kommt der abwesende Ton ins Spiel – ein von Flammen zerstörter Flügel eingebunden und umfangen sind.

Shiota spannt Dickichte, denen Stille entfließt. Das ist der erste und dringlichste Eindruck, den ein Betrachter empfängt. Die Installationen, die eigentlich Inbilder der Verwirrung sind und damit als visuelles Rauschen interpretierbar wären, entfalten ihre Kraft in der Opposition zum Lärm. Sie bringen den tonlosen Charakter der bildenden Kunst hervor und der Betrachter wird davon affiziert. Stilleverstärker – das sind diese Erfindungen.

Die Stille ist intendiert. Shiota bringt sie in einigen Titeln zur Sprache: *Breathing from Earth*, *During Sleep*, *Empty Place*, *In Silence*.[2] Aber wie kommt es, dass dieser Eindruck der Schweigsamkeit und des Verharrenden entsteht?

Die Raum-Bilder mit den sie beherrschenden schwarzen Wolllinien rufen im europäischen Betrachter unweigerlich das Märchen von Dornröschen wach. Dieses Mädchen, das sich an der Spindel verletzt, also an einem Werkzeug zur Produktion von Fäden, fällt in einen hundertjährigen Schlaf und das Schloss wird von einer riesigen, undurchdringlichen Dornenhecke umwachsen.

»Rings um das Schloß aber begann eine Dornenhecke zu wachsen, die jedes Jahr höher ward, und endlich das ganze Schloß umzog [...].«[3]

Shiota reinszeniert etwas von dieser mythischen Situation, wenn sie sich selbst oder eine Reihe von Mädchen in Performances in die Installationen integriert. Die Künstlerin und die Mädchen scheinen zu schlafen. Regungslos ist die Künstlerin aber auch, wenn sie nackt und den Rücken dem Publikum zugewandt auf dem Bett sitzt.

---

2 Siehe den Katalog Chiharu Shiota: The Way into Silence, Heidelberg 2003. Ebenfalls http://www.chiharu-shiota.com vom 7. Mai 2007.

3 Brüder Grimm: Kinder- und Hausmärchen, herausgegeben von Heinz Rölleke, Darmstadt 1999, S. 225–228 (hier: S. 228).

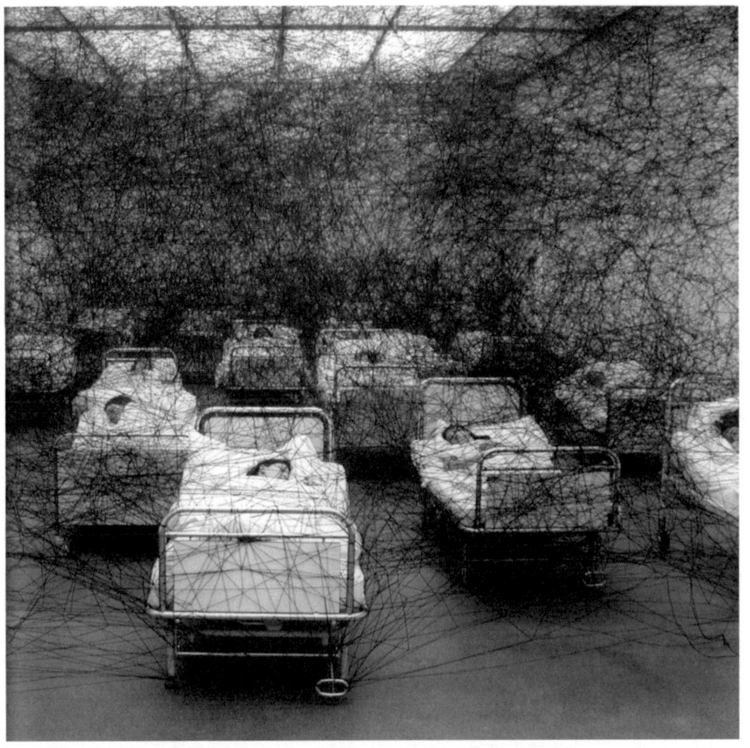

Chiharu Shiota: During Sleep, 2002.

»Da schliefen auch die Pferde im Stall ein, die Hunde im Hofe, die Tauben auf dem Dache, die Fliegen an der Wand, ja, das Feuer, das auf dem Herde flackerte, ward still und schlief ein [...].«[4]

Es ist ein merk-würdiger Effekt, dass der Reichtum des Fadenmaterials nicht die Assoziation des Gefängnisses oder der Fesselung aufruft. Eine Art Abgeschiedenheit und Zeitlosigkeit, die auch dem Schlaf Dornröschens zu eigen ist, kommt hier zum Ausdruck. Dass wiederholt das Bett ins Zentrum gerückt wird, unterstützt die Aura der Angehaltenheit, denn das Bett ist nicht nur der Ort des Schlafs und des Traums, sondern ebenso des Rückzugs, der Krankheit, des Todes, mithin Zustände der Weltentfernung.

Die strömenden und unendlich sich kreuzenden Fäden absorbieren Bewegung und jedwede Klanglichkeit, allein die feinen Modulationen des Atems der Mädchen mögen spürbar sein. Das Schwarz der Wolle ist in dieser Hinsicht doppelt interpretierbar: Als Farbe der Abwesenheit von Licht ist sie das Dispositiv der Reizlosigkeit. Als Nachtfarbe, die bei Shiota als Emanation der Dinge erscheint, ist sie gleichzeitig wie eine Veräußerlichung nicht sichtbarer Träume der Mädchen – oder der Dinge. Nicht nur im Märchen haben die Sachen eine Seele; auch im realen Leben sind sie nicht reduziert auf das Funktionelle, sondern sind immer auch Zeichen eines Lebens, das sich an und mit ihnen abspielt. Bei Shiota kommt diese Lebendigkeit zur Ruhe, geht sie über in Schlaf oder in den Tod.

Der zerstörte Flügel zwischen Asche und Restleben hält über die Fäden seine Verbindung zum Stuhl des Pianisten wie zu den Sitzen der Zuschauer. Der Klang, der ehedem den Raum erfüllte, ist ersetzt worden durch die stumme Wolle, eine Wolke der Trauer, die eine visuelle Erinnerung an das tönende Leben ist. Shiota *zeigt* uns, dass wir uns durch Räume bewegen, die angefüllt sind mit Energie, mit Kommunikation, mit Verbindlichkeiten. Nun jedoch stehen wir davor, ausgeschlossen, die Stille legt sich als Vorhauch der Zukunft, die hier schon stattgefunden hat, auf das Leben der Betrachter.

»[Ein alter Mann] erzählte auch dass er von seinem Großvater gehört wie viele Königssöhne schon versucht hätten durch die Dornenhecke zu dringen, aber darin hängen geblieben, und eines traurigen Todes gestorben wären.«[5]

---

4 Ebenda, S. 226.

5 Ebenda, S. 227.

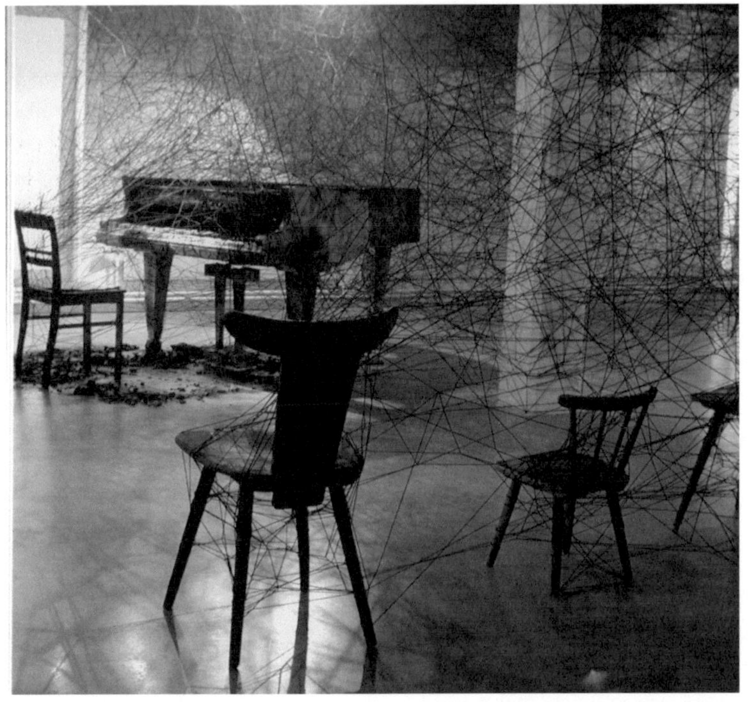

Chiharu Shiota: In Silence, 2002.

Umkommen werden wir in dem Fadengewirr nicht, aber es auch nicht durchdringen wie der Königssohn des Märchens, vor dem sich die Hecke in magischer Selbsttätigkeit öffnet, damit ein Kuss die Prinzessin zum Leben erweckt. Die Ruhe bei Shiota erscheint final. Auch wenn der Betrachter die Schlafenden nicht erwecken wird, so erlebt er doch einen Moment der Wahrnehmung, ein erotisches Versprechen durch das ästhetische Erleben.

»[Der Königssohn] öffnete die Türe zu der kleinen Stube, in welcher Dornröschen schlief. Da lag es und war so schön, dass er die Augen nicht abwenden konnte [...].«[6]

Alles ist stillgestellt. Nur so wird jene Betrachtung möglich, durch die Schönheit sich darbietet, durch die sie erst entstehen kann. Die Verbindung aus Entlebendigung und Schönheitsproduktion beschreibt Chiharu Shiota in einer Notiz zu *In Silence*:

»Aber die Stille bleibt.
Je mehr ich darüber nachdenke,
desto stärker wird sie.
Das Klavier verliert seinen Klang,
der Maler malt nicht mehr,
der Musiker hört auf zu musizieren.
Sie verlieren ihre Funktion,
aber nicht ihre Schönheit – werden noch schöner.«[7]

Was ist damit anderes beschrieben, als der Prozess der Ästhetisierung, eines Übergangs der Funktions- in eine nutzlose Sache, die nun ganz der Anschauung gehört. Erst, wenn die Dinge zum Schlaf, in den Ruhezustand gebracht werden, erlangen sie die Würde der Kunst. Die lebendigen Leiber der Performances, ganz undramatisch in wirklichem oder simuliertem Schlaf befangen, sind die ambivalenten Symbole dieser Kunst. Sie sind Gestalten einer Sehnsucht, die in antriebsloser Versunkenheit keinem Imperativ gehorchen müssen. Als Schönheitsbild verkörpern sie die Revolte gegen einbil-

6 Ebenda, S. 228.

7 Zitiert nach Andrea Jahn: »Chiharu Shiotas ›Way into Silence‹: Bewegungen in einem künstlerischen Dreiecksverhältnis«, in: Shiota, The Way into Silence, S. 12.

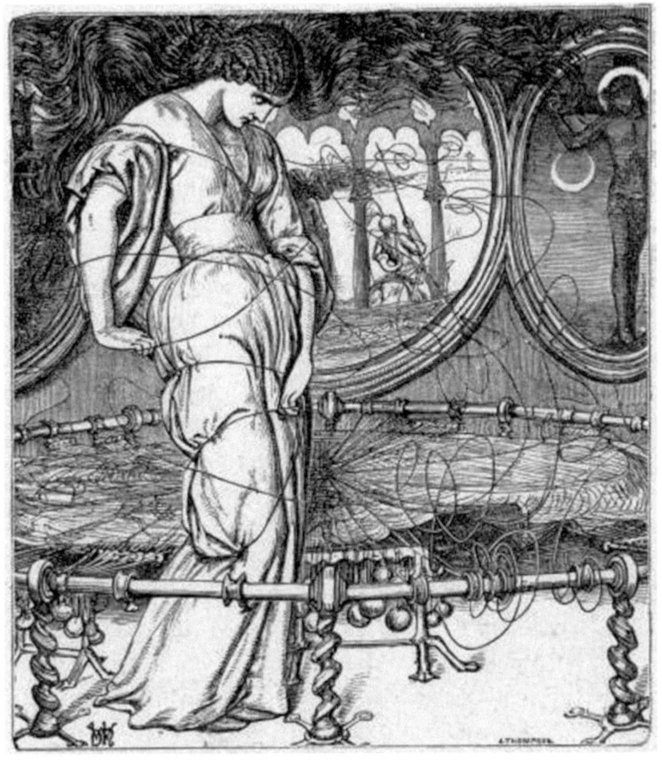

William Holman Hunt: The Lady of Shalott, engraved by J. Thompson, 1857.

dungsloses Agieren, eine stille Revolte, die allerdings mit Welt- und Lebensferne erkauft wird.

Wenn Shiota Kunst als Gegenspieler zum Wirklichkeitsbetrieb in Funktion setzt, dann kommt ein in der Moderne wiederkehrendes Thema zum Tragen – der Gegensatz von ästhetischer und pragmatischer Weltauffassung. Als motivische Korrespondenz soll auf das Gedicht »The Lady Of Shalott« (1842) des englischen Lyrikers Alfred Tennyson sowie auf eine ikonografische Umsetzung durch den präraphaelitischen Maler William Holman Hunt verwiesen werden. Der historische Rückgriff ist nicht nur motivisch begründet, denn damals wie heute steht die Problematik des Ästhetizismus im Zentrum der Kunstaussage. Die Differenz in beiden Artikulationen ist allerdings entscheidend, denn hierin werden signifikante Zeitsignaturen erkennbar.

Die Gedicht-Erzählung ist in einem idealisierten Mittelalter angesiedelt und berichtet von einer Lady, die in einem von Wasser umgebenen Turm in vollständiger Abgeschiedenheit dem Handwerk des Webens nachgeht. Über einen Spiegel beobachtet sie die idyllische Landschaft und das Treiben in der Welt außerhalb des Turms: die Arbeit der Bauern, die vorbeiziehenden Schiffe, fröhliche Mädchen, die Hochzeit eines Liebespaares. Was sie sieht, geht als Bild in die Weberei ein.

»But in her web she still delights
To weave the mirror's magic sights [...]«[8]

Die Lady benötigt die Wirklichkeit, um gestalten zu können; eine lebendig-teilnehmende Beziehung zum Leben darf sie jedoch nicht unterhalten. Die Geschichte bekommt ihre dramatische Wendung, als die Lady vom fantastischen Anblick des schönen Ritters Lancelot betört ist. Sie folgt der Lockung und verlässt ihre Behausung. Tennyson findet dafür eine aussagestarke Wendung, die das Bild einer Befreiung von der kreativen Arbeit evoziert: »She left the web, she left the loom [...]«.[9]

8 Alfred Tennyson: »Lady of Shallott«, in: T. Herbert Warren (ed.), Tennyson. Poems and Plays, Oxford, New York 1989, S. 26-28 (hier: S. 27).

9 Ebenda.

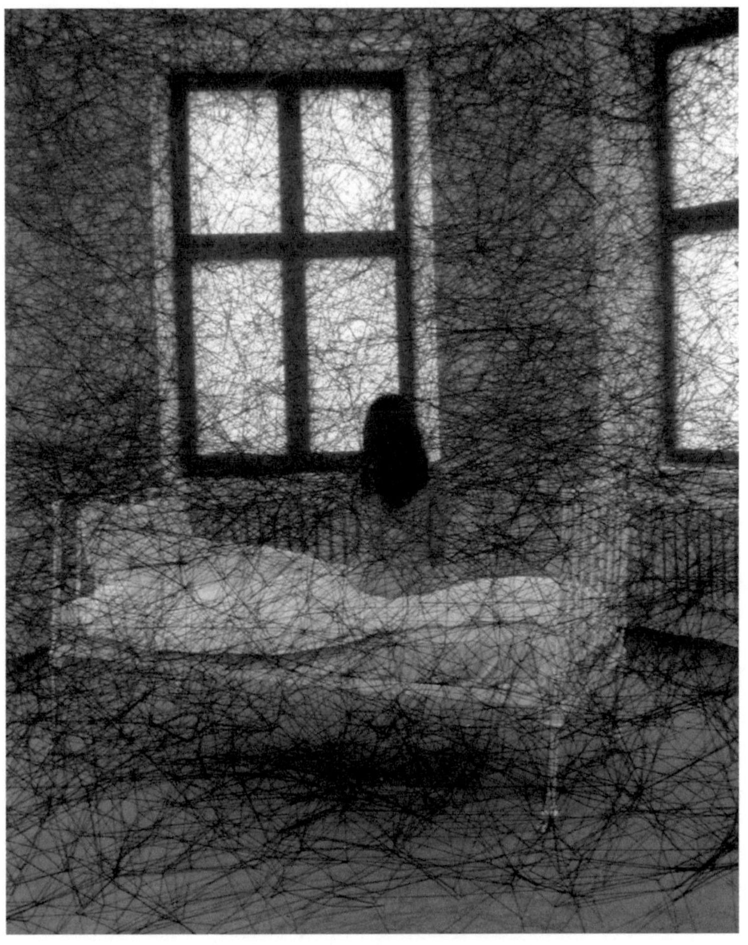

Chiharu Shiota: During Sleep, 2002.

Doch mit dem Verlassen von Gewebe und Webstuhl ereilt sie ein Fluch, denn Kontakt mit der Welt ist für sie tödlich. So sehr also die ästhetische Existenz Vergnügen bereitet (*delight*), so sehr wird sie von Tennyson pessimistisch als Opferung der Lebensfülle und des Eros, als Situation des Eingesperrtseins ausgedeutet.

Bemerkenswert ist die Umsetzung dieser Konstellation durch Holman Hunt. In einem Stich sehen wir die Lady nicht nur inmitten des Webrahmens, der sie symbolisch einfasst, sondern auch in einer zornigen Geste begriffen, die sie von einem sie umschlingenden Fadengewirr befreien soll. Der Faden, Material ihrer Kunstarbeit, tritt auf als Behinderung ihrer Libido, des Wunsches nach Teilnahme am vorbeitreibenden Leben, das in Gestalt des Ritters im Spiegelbild erscheint.

Der Gegensatz zur Intention Shiotas ist offenkundig: Hier, bei Shiota, kommt die Flucht *ins* Gewebe der Ausblendung eines ungenügenden Realen gleich und führt zu einem Gewinn an ästhetischer Intensität. Dort, bei Tennyson/Holman Hunt, ist die ästhetische Praxis Fluch und Schmerz im Angesicht einer Trennung der Sphären: Flucht *aus* dem Gewebe.

Die Gegenüberstellung dieser Haltungen bringt vielleicht mehr zum Ausdruck als die kontingente Wahl einer künstlerischen Position: Mit Blick auf die zeitliche Distanz von mehr als 150 Jahren zwischen diesen Werkprägungen ist die deutliche Hinwendung zu einer stillen Ästhetik eines eingewebten Körpers bei Shiota zu verstehen als Resultat einer historischen Erfahrung, aufgrund derer die Uneinlösbarkeit ästhetischer Utopien innerhalb des Wirklichkeitskomplexes zur Kenntnis genommen werden musste. Kunst reagiert mit Ablehnung, mit dem Rückzug in den Traum, in den Schlaf. Die Formulierung eines tragischen Scheiterns durch die Zeitgenossen des 19. Jahrhunderts ist noch verstehbar als Sehnsucht nach Versöhnung. Wo die Tragik sich in Ruhe umgewandelt hat, ist dieses Ziel aufgegeben oder vergessen worden. Das Märchen bleibt als mythischer Fluchtpunkt, wo es sich wenigstens noch träumen lässt.

Klänge. Kazue Mizushima

Die Stille der Kunst, die Kunst der Stille – mit einer Reflexion auf diese Dialektik endete der vorläufige Gang durch die Ästhetik des Fadens. Bevor allerdings der Schlusspunkt gesetzt wird, drängt sich noch die Antithese zur Stille in die Abhandlung: das Geräusch, der Klang, die Musik. Dazu hallt eine Bemerkung aus dem Vorwort nach, mit der eine der vielen Möglichkeiten, die dem Material des Fadens inhärent sind, benannt wurde. Es heißt dort: »Man spannt den Faden auf, um daran zu zupfen, damit seine Schwingungen einen Ton erzeugen.«

Der weiche Faden als Saite, das könnte ein Widersinn sein. Doch wir kennen aus der Kindheit vielleicht noch das Fadentelefon. Zwei Dosen und ein strammer Bindfaden ergeben eine Übertragungstechnik. Joseph Beuys hat sie in einem Objekt zur Kunst geadelt. Zum Symbol einer Verletzbarkeit der Kommunikation (Pflaster, rotes Kreuz, schlaffer Faden) geworden, ist aber auch hier kein Wort, kein Gesang zu vernehmen. Kunststille.

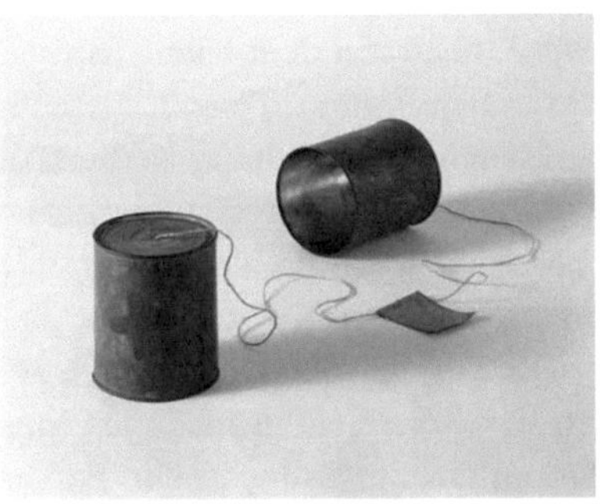

Joseph Beuys: Fadentelefon, 1974.

Der Faden muss aber nicht lautlos bleiben. Das beweist die japanische Komponistin Kazue Mizushima. Ihre Reise in den Klang der

Seide begann 1992, als sie aufgefordert wurde, für eine natürliche Umgebung zu komponieren. Sie hatte bei einem Spaziergang durch einen Wald die Fantasie, lange Fäden von Baum zu Baum zu spannen, um ihn in Klang zu versetzen. Von den ersten Versuchen bis zur Entwicklung eines funktionsfähigen Instruments dauerte es allerdings vier Jahre. Seit 1996 zieht Mizushima für jedes Konzert bis zu 15 Meter lange Seidenfäden durch den Raum, spannt sie und kann sie sogar stimmen. Es kommt vor, dass bis zu zweihundert dieser Klangfäden installiert werden. Als Resonanzkörper dienen einfache Pappbecher. Diese raumgreifende Riesenharfe wird von einem Ensemble aus drei bis fünf Musikerinnen virtuos bespielt: Zur Aufführung kommen Avantgarde-Kompositionen, traditionelle japanische Musik und Stücke der europäische Klassik von Mozart oder Vivaldi.

Über welche Klangcharakteristik verfügen nun diese zarten Riesen aus Seide und Papier? Beginnen die Musikerinnen an den Fäden zu reiben oder zu zupfen, entstehen Töne, die wie raue Streichinstrumente klingen oder wie durch Bäume ziehender Wind. Die Fäden schwingen und erfüllen den Raum mit haltendem Ton, mit kratzendem Geräusch, mit pizzicato- oder perkussionsartigen Klängen. Den Zauber gewinnt die Musik dadurch, dass nicht nur das Ohr die Schwingungen aufnimmt; durch das Zittern der weißen Becher wird man auch über das Auge gewahr, wie der Raum in Schwingung versetzt ist.[1] Weiße Blätter im Wind.

Mizushima nennt die Kombination aus Installation und Musik *Stringraphy*. Der Begriff macht deutlich, dass das bildnerische Moment (Graphie) eine Einheit mit dem Klang (String) bildet. Die Saiten schreiben etwas in den Raum – Töne, Linien, Punkte.

In dieser technischen Beschreibung verliert sich jedoch etwas Grundsätzliches, nämlich der heiter-performative Charakter der Konzerte. Dem Stringraphy-Ensemble gelingt nämlich etwas, das allenfalls noch in archaischen Kulturen oder in einer mythisch-fiktionalen Vorzeit zu finden ist: Die Einheit aus Musik, Raum, Tanz und Kostüm. Der Tanz erfolgt nicht *zur* Musik, er entspringt dem Umgang *mit* dem Großinstrument. Die Frauen schreiten beim

1 Beispiele können online angeschaut und angehört werden: http://www.sadlerswells.com/lilian_baylis/2005_2006/stringraphy.asp und http://www.stringraphy.com/english/index_e.html vom 10. Mai 2007.

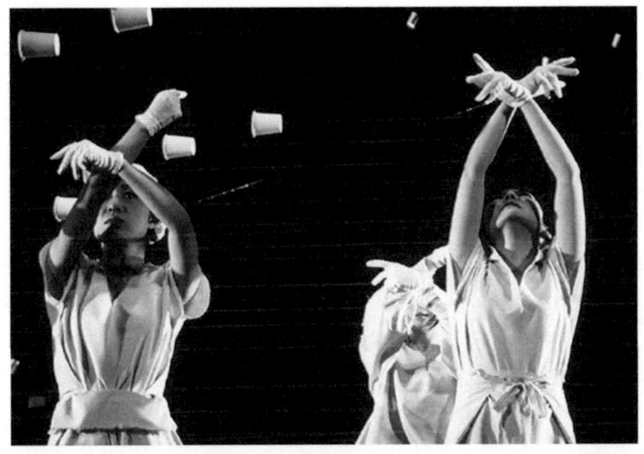

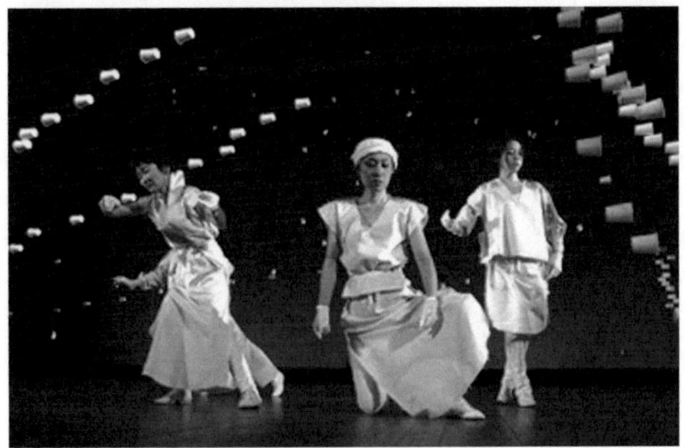

Stringraphy-Ensemble

Musizieren, beugen sich, wippen, werfen die Arme, strecken sich, gehen in die Knie, scheinen in einer Brise zu schwingen. Das Objekt schwingt, das Subjekt schwingt. Konzentration paart sich mit Bewegung. Die Kleidung mit ihren klaren Farben und in ihrer Uniformität erinnert an sakrale Kontexte. Der Eindruck einer rituellen Aufführung stellt sich ein, in der jedes Element seine Bedeutung hat. Gleichzeitig entsteht ein vorsymbolischer Raum unmittelbarer Eindrücklichkeit. Dass das Ensemble ausschließlich aus Frauen besteht, verstärkt die Assoziation zu einer Vorstellung idealer Kulturpraxis. Weibliche Grazie im choreografischen Miteinander und gelingendes musikalisches Zusammenspiel rufen das Bild vorpatriarchaler, hierarchie- und herrschaftsferner Kultur auf. Das Wort *Kultur* meint ein Doppeltes: Einerseits verweist es auf *cultura* als das Be-Sorgen des Gartens, als die Gestaltung des Raums. Andererseits konnotiert *Kultur* den Begriff *cultus*, ein Tun also, in dem mit Mitteln der Musik, des Tanzes und der Gesten die Kommunikation mit einem Gott oder mit den Seelen der Menschen gepflegt wird.

Die interpretatorische Verbindung zur mythischen Vorstellung einer Einheit aus Garten und Gottheit, aus Materie und Geist soll nicht nahe legen, dass die Kunst Mizushimas aufgeführt wird, um eine verlorenen Zeit zu beschwören oder sich schwiemeliger Esoterik anzunähern. Die Verbindung der Kunstgenres in einer Performance, die ganz aufs ästhetische Tun gegründet ist, gewinnt aber aus der Erinnerung einer mythischen Einheit utopischen Wert: Die Leichtigkeit des Spiels, in der Können ausgelebt wird, ohne an ein Spezialistentum gekettet zu sein, ist das Versprechen auf eine freiere Kommunikation mit allen Sinnen und durch Multimedialität.

Dass dafür einfachstes Material hinreichend ist – Faden und Pappbecher –, beinhaltet selbst Utopisches: Die Erfüllung eines Wunsches, der, transformiert, aus der Kindheit ins Jetzt gelebter Kultur hinüber gerettet wurde. Die Rückwendung zum Archaischen ist in der künstlerischen Biografie Mizushimas nachzuvollziehen: Zum einen hat die Entwicklung der Stringraphy ihr ursprüngliches Interesse für Computermusik abgelöst. Zum anderen verlässt Mizushima die hoch entwickelten Instrumente des 18. und 19. Jahrhunderts, die von statischen Musikern mit Spezialistenfertigkeiten im Bereich der Hände und Lippen bedient werden. Am ehesten ähnelt die Spielweise mit den Fäden der eines Trommlers, bei dem

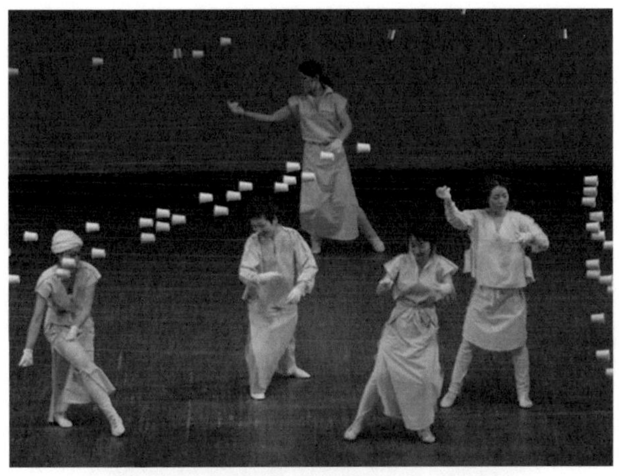

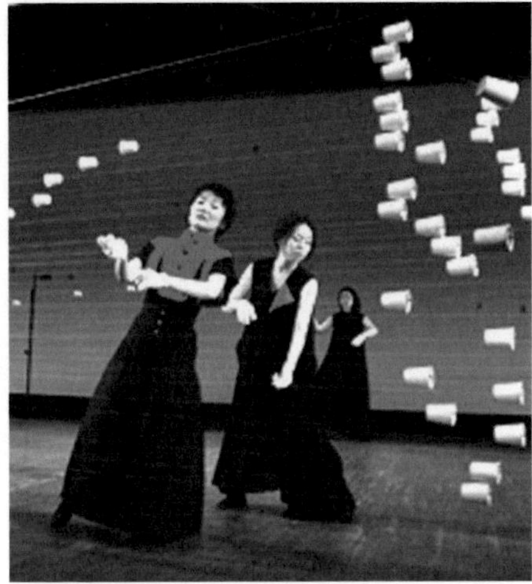

Stringraphy-Ensemble

ebenfalls Körperbewegung und Musik synchron erfolgen. In beiden Fällen bietet das einfache Instrument ein Maximum an Visualität und Bewegung.

Diese Rückkehr ist keine Regression, eher eine Rückgewinnung. Welch anrührende Kraft die Herstellung eines Raums der Töne und Bilder haben kann, davon hat Mizushima auch berichtet:

Bei einem Konzert in einem psychiatrischen Hospital wurde sie gebeten, ein altes japanisches Lied zu spielen. Als sie das Stück ansagt, beginnt eine Frau mit seniler Demenz dieses Lied zu singen.

»Her voice was beautiful and convincing. I didn't want to interrupt her by playing the Stringraphy. When she finished the song and started for the second time, I started playing the Stringraphy with her. She began dancing as if she were playing the Stringraphy while singing. She suddenly looked much younger than she had before. I had never felt the power of music as strongly as I did then. People can travel through time through contact with music related to their past experiences.«[2]

Die Zeitreise in die Kindheit oder in die mythische Vorzeit der Kultur ist ein Spiel im tieferen Sinne: Die Evokation eines Raums, in dem der Klang schützende Hülle und Anlass für Aufbruch ist, in dem Tun und Tanz als Ungetrenntes Glück bedeuten.

2 Kazue Mizushima in: http://www.stringraphy.com/english/uk99_e.html#critics vom 10. Mai 2007.

Schluss. Eine unzeitgemässe Kunst?

Die Galerie mit den Kunstwerken ist abgeschritten, jeder Raum bedacht worden. Bei aller formalen Besonderheit der einzelnen Kunstwerke oder Werkgruppen wird der Leser thematische Nachbarschaften zwischen einzelnen Künstlern bemerkt haben: etwa die Bearbeitung der Erinnerung (Margolles, Messager), der Trauer (Sandback, Christo), des Märchenhaften (Bulloch, Shiota), des Ortes (Barry, Terry), der Seele (Kleist, Hesse), des Zufalls (Duchamp, Morris). Jeder Leser wird weitere Verknüpfungen finden oder für sich konstruieren.

Was besagen diese inhaltlichen Angaben aber über das künstlerische Material des Fadens, in dem diese Themen zur Darstellung gebracht werden? Sicherlich vermag auch ganz anderes Material in ganz anderen Kunstkontexten eines dieser Themen zum Inhalt haben.

Die Frage ist zu formulieren, ob es einen Schlussblick auf die Ausstellung gibt, der in der Lage wäre, die insistente Verwendung des Fadens in der Moderne zu begründen.

Dass sich bei Beantwortung dieser Frage eine Schwierigkeit aufdrängt, ist an einem diskursiven Sachverhalt abzulesen: Bei der Sichtung der Kommentare von kenntnisreichen Kunstkritikern und -wissenschaftlern, die die Kunstwerke begleiten, tauchte fast reflexartig der Verweis auf Duchamps inaugurale Installation *Sixteen Miles of String* auf. Rätselhaft ist der Umstand, dass stets nur der alleinige Rekurs auf diesen Anfang genommen wird, um das jeweils in Augenschein genommene Kunstwerk mit einer historischen Vorläuferschaft zu versehen; die reichhaltige weitere Geschichte der Fadenkunst spielt hingegen in diesen Kommentaren keine Rolle. Es ist ein weiteres auffälliges Symptom aller dieser Einlassungen, dass es bei diesem Verweis bleibt. Was aber besagt eine derartige interpretationsarme Verweisrhetorik? Insinuiert wird durch das Aufweisen der Materialähnlichkeit ein innerer Zusammenhang, ohne diesen jedoch aufzuklären. Wird in diesem Vorgehen nichts als eine oberflächliche Demonstration kunsthistorischen Wissens erkennbar? Nimmt man ein solches Verweisen jedoch ernst, dann könnte man in dieser Suche nach formaler Ähnlichkeit den Nachhall der ehrwürdigen Methode Aby Warburgs ausmachen. Diese evolutionistisch gegründete Stilanalyse galt dem Versuch, einen Ursprung, der in der Antike angenommen wurde, als Strahlpunkt für alle weiteren Entwicklungen auszumachen. Wird analog zu dieser theoretischen Konzeption in den neueren Darlegungen für die Moderne die Gestalt des Intellektuellen-Künstlers Duchamp als Ursprungsmythos genommen, von dem aus Kunstrichtungen wie Kubismus, Futurismus, Dadaismus, Konzeptkunst, Surrealismus inspiriert wurden? Das, was Warburg Formel genannt hat, ein Formelement, das sich in variierender Weise durch die Geschichte der Bilder zieht und als Träger einer Erbschaft auftritt, mag auch als unausgesprochenes Konzept in den Kunstkommentaren zur Fadenkunst wirken.

Die formalistische Sicht auf einen Begründungsmythos mag plausibel oder wenig plausibel erscheinen. Wichtiger für den vorliegenden Komplex ist es, dass sie als theoretische Basis für eine These, die die Inhaltsseite des verwendeten Fadenmaterials interpretativ zugänglich macht, nicht einstehen kann. Bleibt demnach dem Kunstbetrachter nur die Wahl, die Differenzen zwischen den einzelnen künstlerischen Positionen oder die kontingenten thematischen Überschneidungen wahrzunehmen?

Als Schlusspunkt soll ein Perspektivwechsel vorgeschlagen werden, durch den vielleicht eine allgemeine Sinnschicht freigelegt werden kann: Nicht der Fokus auf das Motivische, sondern auf die Materialqualitäten soll den Zugang zu einer historischen Situierung ermöglichen. Um diese noch abstrakte Behauptung zu begründen, ist zunächst eine Grundtatsache zu benennen. Zweifellos haftet dem Faden als Kultursache etwas *Altmodisches* an. Anders formuliert: Er ist eine traditionsstarke und vormoderne Sache, was mit Hinweis auf den Mythos in den vorliegenden Essays angezeigt wurde. Die damit einhergehende semantische Vorprägung ist belangreich, wirft sie doch das Rätsel auf, warum dennoch der Faden Eingang in die avantgardistische Kunstpraxis gefunden hat, wo diese sich von Beginn an dadurch auszeichnet, Traditionsbestände abzuräumen. Was als Widerspruch ausdeutbar ist, kann andererseits als Hinweis auf historische Problemlagen wahrgenommen werden, die sich in dieser materialen Ungleichzeitigkeit verbergen.

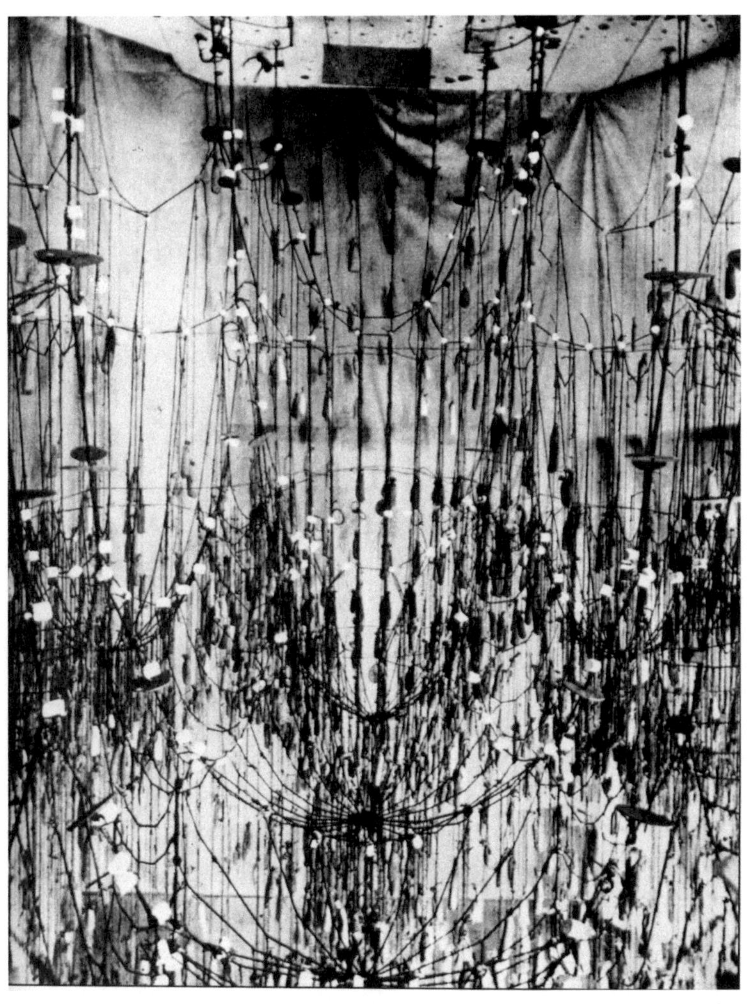

Antonio Gaudí: Fadenmodell, um 1908.

Bevor ich das Wort von der Materialqualität wieder aufnehme, ist eine Beobachtung, die an den vorgestellten Kunstwerken zu machen ist, wiederzugeben. Nimmt man eine vergröbernde Blickhaltung ein, also eine, in der nicht das Individuelle des jeweiligen Kunstdings entscheidend ist, sondern das Gemeinsame zwischen ihnen, dann stellt sich heraus, dass fast alle Installationen auf zwei Themenkomplexe verteilt werden können: Körper und Raum.

Erster Komplex: Raum. Der Hinweis auf den Raum muss zunächst als wenig überzeugend erscheinen, denn jede Skulptur oder Installation kann im Hinblick auf einen Raumaspekt angeschaut werden. Stark zu machen ist jedoch die Tatsache, dass dem Faden in seiner Qualität eine Verstärkerfunktion zukommt. Indem er kaum über Volumen verfügt aber ausgerollt, aufgespannt, aufgehängt werden kann, ist ihm eine zeigende Eigenschaft eigen. Er *weist* als anschauliche Längengegebenheit auf die Dimension eines Raums, durchmisst und misst ihn. Anders als eine Skulptur wird der Faden nicht einfach in den Raum gestellt, um sich von ihm umgeben zu lassen, er vermittelt als ausgespannter einen Eindruck vom Raum. Es ist mehr als ein dekonstruktiver Trick, in diesem Zusammenhang auf die Etymologie von *Faden* zu verweisen. Im ganzen englischen, deutschen und skandinavischen Sprachraum gehen die Begriffe für Faden auf die Bedeutung »[die Arme] ausbreiten, umfassen, sich erstrecken« zurück.[1] Nicht zufällig ist in der Seemannssprache *Faden* ein Ausdruck für ein Längenmaß. Ein Faden ist soviel Garn, wie man mit ausgespanntem Arm misst.

Dass der Faden an der Raumhervorbringung auch ganz praktisch beteiligt ist, weiß nicht nur jeder Maurer, der seine Wand an einem aufgespannten Faden ausrichtet. Aufschlussreich ist vor allem die kreativ-künstlerische Modellbaumethode des katalanischen Architekten Antonio Gaudí. Gaudí arbeitete mit so genannten Seilkurven oder Kettenlinien, um die Umrisse und Statik seiner Bauten zu ermitteln. Dazu befestigte er Fäden an beiden Enden an der Decke und ließ sie parabelähnlich durchhängen. Diese Kurven gestaltete er in ihrem Verlauf, indem er weitere Fäden in die Fadenbögen einknüpfte und Bleigewichte anbrachte. Dreht man die Fotos dieser Fadenkonstruktionen um 180 Grad, entste-

1 Duden. Das Herkunftswörterbuch, 2. Aufl., Mannheim, Wien, Zürich 1989, S. 171.

hen die Umrissbilder jener kathedralhaften Gebäude, für die der Architekt berühmt ist.

Mit diesen verstreuten Hinweisen tritt etwas hervor, was auf mehr weist als die bloße mathematische Erfassung von Raum. Der Faden als Maß *und* als Installation sorgt nicht nur für die phänomenologische Hervorbringung von Raum, er bezeugt, dass Raum auf die anthropomorphe Dimension bezogen wird. Es ist nämlich ein Grundmerkmal aller Installationen, dass sie die Merkmale der Überschaubarkeit, der Fasslichkeit und der unmittelbaren Erlebbarkeit von Raum zeigen. Fast möchte man von einer konservativen Haltung zum Raum sprechen, denn der Gegensatz zu den Entwicklungen in der Moderne ist deutlich. Es gehört zur mittlerweile oft kommentierten kulturellen Erfahrung, dass der Raum in doppelter Hinsicht einer enormen Ausweitung und sogar einer Aufhebung unterliegt. Einmal sind es die Beschleunigungsmittel vom Auto über das Flugzeug bis zum Raumschiff, die den Raum als technisch ausgedehnt erscheinen lassen. *Anthropos* ist hier zuhause nur, wenn er eines dieser Maschinen bewohnt. Zum anderen sind es die elektronischen Medien von der Telegrafie über das Radio bis zum globalen Netzwerk, die den Raum vergessen machen oder unwichtig erscheinen lassen. Es ist allerdings signifikant, dass das Internet mit zwei Metaphern versehen ist, die ohne den Faden nicht denkbar sind: Netz (Inter*net*) und Gewebe (World Wide *Web*). Als müsste das Abstrakte des elektronischen Systems und der Verlust des Raums wenigsten noch sprachlich überwunden und mit einer Vorstellung von Materialität und Erfassbarkeit verknüpft werden.

Vor diesem kulturellen Hintergrund fällt es schwer, die Fadeninstallationen nicht als Reaktion auf diese mächtigen Tendenzen der Entträumlichung aufzufassen. Der Faden ist demnach als ein Nah-Medium aufzufassen: Es vermittelt Wahrnehmungen der Gegenwärtigkeit und des Begrenzten. Keine Fadeninstallation spannt sich transkontinental auf oder strahlt in den Orbit. Immer wird der Raum unmittelbarer Zugänglichkeit gestaltet. Anders gesagt: Das Lokale wird gegen das Globale gestärkt. Es scheint, als ob dem Fadenmaterial eine beharrende Tendenz eigen ist. Diese als konservativ zu klassifizieren, bedeutet vor allem, den impliziten Widerstand gegen die Entgrenzungsmedien auszuweisen. Wer den durchfädelten Raum aufsucht, der sucht nicht das Weite, sondern die *Umgebung*, nicht die Schnelligkeit, sondern das Innehalten.

Kunst, die sich ästhetisch avantgardistisch positioniert, bleibt inhaltlich einem traditionellen Konzept von Raum verpflichtet, das nicht zuletzt von der Materialqualität wie -semantik des Fadens bestimmt wird.

Zweiter Komplex: Körper. Ist nicht auch der Körper wie der Raum in der Moderne seiner identitären Festigkeit beraubt worden? Vor allem die neuesten digitalen Medialisierungen und die damit verbundenen Symbolstrategien werden angeführt, um diesen Prozess der Entkörperlichung zu benennen. Desubstantialisierte Stellvertreter in Form von Nicknames, ikonischen Platzhaltern oder Avataren, von akustischen und haptischen telematischen Signalen besiedeln die Ebene der Repräsentation, anstatt die Person in ihrer fleischlichen Konkretheit zu präsentieren. Ebenso werden als Ursachen für den Wandel der Körperkonzepte die Übergänge zwischen Mensch und Maschine genannt: Werden im Bereich der Industrie ganze Körper durch Roboter ersetzt, sind es im Bereich der Prothetisierung mechanische oder digitale Teilkörper, die sich an die Stelle von biologischen Organen und Funktionen setzen. Die Abschaffung von Ganz- oder Teilkörper wird begleitet von chirurgischer und chemischer Modellierung des natürlichen Körpers. Mag der menschliche Körper nie bloß natürlich gewesen sein, er konnte aber als solcher erlebt werden. Entscheidend an der Moderne ist der Verlust der Natürlichkeitsvorstellung, der noch die Erfahrung eines Körpers zugrunde lag, der kaum modellierbar war. Mit den Maschinen, Medien und Körpertechniken tritt etwas hervor, was man als eine Visionierung des Körpers bezeichnen könnte. Nicht die gegebene Realie ist entscheidend, sondern der Körper als Bild – sowohl im ikonischen, symbolhaften wie imaginären Sinne. Auf diesen Levels kann der Körper bis zur Unkenntlichkeit gestaltet, verändert oder ersetzt werden.

Betrachtet man vor diesem Hintergrund die Fadeninstallationen oder -objekte, in denen der Körper Bestandteil ist, dann stellt sich der Eindruck einer Rückbesinnung ein. In den inszenatorischen Mittelpunkt rückt die Morphologie des Körpers, seine Oberflächenbeschaffenheit, seine Verletzbarkeit, seine Empfindsamkeit, kurzum, seine beharrliche Natürlichkeit. Der Körper wird umwickelt (Bellmer, Christo), gestreichelt (Messager, Trockel), schützend umgeben (Shiota), aufbewahrt (Margolles), bekleidet (Brenner), es wird an ihm gerissen (Stelarc, Kleist). Nicht nur tritt der Faden in deiktischer Funktion auf, durch die gesagt wird: Hier ist ein Körper, er lebt, er ist singulär. Der Körper wird als vorsymbolische Gegebenheit und in seiner Festigkeit thematisiert. Es wird offenkundig, dass Integritätsverletzungen gleichbedeutend mit Identitätsverletzungen sind. In diesem Sinne wird wie mit dem *Raum* auch mit dem *Körper* konservativ, bewahrend verfahren. Damit ist keine Rückkehr zu einer naiven Natürlichkeitsvorstellung verbunden, eher eine ethische Einstellung der Rücksichtnahme – und möglicherweise die Einsicht, dass Körpermanipulationen einem aggressiven Phantasma entspringen. Der Faden, der mit dem Körper in Kontakt gebracht wird, zieht nicht nur eine Linie als symbolisch-zeichnerische Geste, er ist in seiner Materialität vielmehr etwas, das den *Leib* spürbar macht, einen Beweis für seine Solidität erbringt. Die Begriffsverschiebung von *Körper* zu *Leib* an dieser Stelle soll auf noch etwas anderes aufmerksam machen: Die Semantik des Begriffs *Körper* ist im Deutschen durch biologisch-physikalische Konnotationen geprägt. Der Körper ist das, was handhabbar, was ausmessbar ist. Der eher altertümliche Terminus *Leib* trägt darüber hinaus die Konnotationen von Beseelung und Lebendigkeit. Ich komme noch einmal auf die Ursprungsbedeutung von *Faden* zurück, an der dieser Umschlag abzulesen ist: Derjenige, der den Faden an ausgebreiteten Armen hält, mag sich als Vermesser wahrnehmen; er kann aber auch die Spannung des Fadens in den Muskeln erfahren, seine Textur mit den Fingerkuppen erspüren oder seine Farbigkeit in Augenschein nehmen. Der Mathematiker wird vom Ästheten abgelöst, der wahrnimmt und erspürt. Indem der Faden über den Leib die Seelenkräfte aktiviert, bringt er sich ein zweites Mal als Gegenmedium zu den Fernmedien in Spiel. Als eng mit der Leibpräsenz verknüpft erweisen sich Empfindungen als nicht transportierbar, als nicht ablösbar aus dem Hier und Jetzt einer Erfahrung.

Mit der Konstruktion eines anthropozentrischen Raums und der Einsetzung des Leibes nimmt die Fadenkunst zweifellos eine unzeitgemäße Position ein. Unzeitgemäß ist sie insofern, als sie sich nicht der Tendenz unterwirft, sich das technologisch Neue einzuverleiben. Sie bleibt jedoch auch an die Gleichzeitigkeit gebunden: Mit der Rückkehr zu einem *alten* Material – mit teilweise mythischen Bedeutungen – muss nicht notwendigerweise das Überkommene als das überhistorisch Wahre behauptet werden. Entscheidend ist die Einspruchsfunktion der Fadenkunst im Kontext der Moderne, wodurch erst das Prekäre der sich ausweitenden Räume und medialisierten Körper deutlich wird. In der Konfiguration mit dem Neuen gewinnt sie ihre bewegende Kraft: Der implizite Dialog zwischen den Kunstwerken zeigt, dass Beharrung und Fort-Schritt einen gemeinsamen thematischen Bezugspunkt haben können.

Resümierend lässt sich sagen: Mit der panoramatischen Perspektive auf Kunst wird zwar der ästhetische Eigensinn des einzelnen Werks für den Moment in den Hintergrund gerückt, doch wird damit ein Sinngewinn erzeugt. Wo die idiosynkratische Formensprache oft rätselhaft bleibt und lediglich als kunstimmanentes Verweisen wahrnehmbar ist, wird nun die Referenzierbarkeit auf eine kunstexterne Wirklichkeit möglich. Für die Fadenkunst ist dies die Wirklichkeit von Körper und Raum. Das Gewicht der Wirklichkeit ins Spiel zu bringen, heißt aber auch dies: Die Realität wird von der Kunst einem Test unterzogen, um sie auf diese Weise erst spürbar zu machen. Kunst *konstruiert* nicht, wie es modisch heißt, Wirklichkeit. Fadenkunst bringt zur Sache, was der Gedankte allein nicht fassen kann.

LITERATUR / ABBILDUNGSVERZEICHNIS

Literatur

Augé, Marc (1994): Orte und Nicht-Orte. Vorüberlegungen zu einer Ethnologie der Einsamkeit, Frankfurt/M.

Bahtsetzis, Sotirios (2006): Geschichte der Installation. Situative Erfahrungsgestaltung in der Kunst der Moderne, Berlin, http://deposit.ddb.de/cgi-bin/dokserv?idn=980868491&dok_var =d1&dok_ext=pdf&filename=980868491.pdf, 12. 12.2006.

Baker, Kenneth (2005): Artist Cornelia Parker doesn't stop with lightning and fire, http://sfgate.com/cgi-bin/article.cgi?f=/c/a/20 05/12/16/DDGTUG89VC1. DTL&type=art, 10.12.2006.

Barry, Robert (1969): Interview, http://www.ubu.com/papers/barry _interview.html, 23.10.2006.

Bellmer, Hans (1983): Die Puppe, Frankfurt/M., Berlin, Wien.

Bellmer, Hans (1983): Photographien, München.

Bexte, Peter (1995): »Die Schönheit der Analyse«. In: William Hogarth, Die Analyse der Schönheit, Dresden, S. 212-228.

Brenner, Birgit (2001): Angst vor Gesichtsröte, http://www.eigen art.com/Kuenstlerseiten/KuenstlerseiteBB/avg.pdf, 02.02.2007.

Descartes, René (1952): Abhandlung über die Methode, übersetzt und herausgegeben von Artur Buchenau, Hamburg.

Didi-Huberman, Georges (1999): Was wir sehen blickt uns an, München.

Duchamp, Marcel (1992): Interviews und Statements, Ostfildern-Ruit.

Duden (1989): Das Herkunftswörterbuch, 2. Aufl., Mannheim, Zürich, Wien.

Engelbach, Barbara (2005): »Muster Strukturen Ornamente«. In: Rosemarie Trockel, Post-Menopause, Köln, S. 33-41.

Foucault, Michel (1991): »Der Ariadne-Faden ist gerissen«. In: Aisthesis. Wahrnehmung heute oder eine andere Ästhetik, Berlin, S. 406-410.

Freud, Sigmund (1974): »Totem und Tabu«. In: ders., Studienausgabe, Bd. IX, Frankfurt/M., S. 287-444.

Freud, Sigmund (1981): »Trauer und Melancholie«. In: ders., Studienausgabe, Bd. III, Frankfurt/M., S. 193-212.

Graw, Isabelle (2003): Ich nenne es strategische ödipale Fixierung, http://www.taz.de/pt/2003/07/26/a0248.1/text, 09.05.2007.

Grimm, Jakob und Wilhelm (1999): »Dornröschen«. In: dies., Kinder- und Hausmärchen, herausgegeben von Heinz Rölleke, Darmstadt, S. 225-228.

Gumbrecht, Hans Ulrich (2004): Diesseits der Hermeneutik. Die Produktion von Präsenz, Frankfurt/M.

Hesse, Eva (1989): Sculpture; catalogue raisonné, Bill Barrette (Bearb.), New York.

Hesse, Eva (2002): Katalog Museum Wiesbaden, Wiesbaden.

Jansen, Andreas Jozef (1957): Het antieke tropaion, Diss. Nijmegen, Lederberg/Gent.

Karmel, Pepe (1995): formal disclosures. Interview with Robert Morris, http://www.findarticles.com/p/articles/mi_m1248/is_n6_v83/ai_17129004/pg_7, 03.01.2006.

Kleist, Heinrich von (1928): »Über das Marionettentheater«. In: ders., Sämtliche Werke, 4. Band, Leipzig, S. 298-307.

Kristeva, Julia (1989): Black Sun, New York.

Lyotard, Jean-Francois (1984): »Das Erhabene und die Avantgarde«. In: Merkur, Nr. 38, S. 151-164.

Malsch, Friedemann, Meyer-Stoll, Christiane (Hg.) (2006): Fred Sandback, Ostfildern-Ruit.

Morris, Robert (1993): »Anti Form«. In: ders., Continuous Project Altered Daily, Cambridge, Massachusetts, S. 42-46.

Morris, Robert (1998): »Anmerkungen über Skulptur IV«. In: Charles Harrison, Paul Wood (Hg.), Kunsttheorie im 20. Jahrhundert, Band II, Ostfildern-Ruit, S. 1061-1066.

O.A. (2005): Robert Morris: oeuvres conservées dans la collection, http://www.moca-lyon.org/vdl/sections/fr/expositions/2005/robert_morris/?aIndex=1, 10.03.2007.

O'Doherty, Brian (1996): In der weißen Zelle, Berlin.

Ovid (1798): Metamorphosen, in der Übertragung von Johann Heinrich Voß, http://gutenberg.spiegel.de/ovid/metamor/meta061.htm, 03.05.2007.

Ovid (1971): »Metamorphosen«, übersetzt und herausgegeben von Hermann Breitenbach, Stuttgart.

Pantelia, Maria C. (1993): »Spinning and Weaving: Ideas of Domestic Order in Homer«. In: American Journal of Philology, Vol. 114, No. 4, pp. 493-501.

Paoletti, John T. (2003): »Befreite Denk-Räume«. In: Robert Barry, Some Places to Which We Can Come. Works 1963-1975, Bielefeld, S. 20-57.

Schmidt, Gunnar (1994): »Trophäe. Ästhetisierung der Melancholie«. In: Fragmente, Nr. 44/45, S. 245-254.

Serres, Michel (1984): Der Parasit, Frankfurt/M.

Serres, Michel (1989): Der Hermaphrodit, Frankfurt/M.

Serres, Michel (1993): Die fünf Sinne, Frankfurt/M.

Serres, Michel (1993): Hermes IV. Verteilung, Berlin.

Serres, Michel (1994): Hermes V. Die Nordwest-Passage, Berlin.

Shearer, Rhonda Roland; Goul, Stephen Jay (1999): Hidden in Plain Sight, http://www.toutfait.com/issues/issue_1/News/stoppages.html 04.01.2006.

Shiota, Chiharu (2003): The Way into Silence, Heidelberg.

Tennyson, Alfred (1989): »Lady of Shallot«. In: T. Herbert Warren (ed.), Tennyson. Poems and Plays, Oxford, New York, S. 26-28.

Trockel, Rosemarie (2005): Post-Menopause, Köln.

Tuttle, Richard (2006): o.T. In: Friedemann Malsch, Christiane Meyer-Stoll (Hg.), Fred Sandback, Ostfildern-Ruit, S. 201.

Wagner, Monika (2001): Das Material der Kunst. Eine andere Geschichte der Moderne, München.

Wagner, Monika et. al (2002): Lexikon des künstlerischen Materials, München.

Weibel, Peter (Hg.) (2003): Phantom der Lust. Visionen des Masochismus in der Kunst, Band II, München.

Zürn, Unica (1981): Das Weiße mit dem roten Punkt, Berlin.

Zürn, Unica (1985): Der Mann im Jasmin, Berlin.

Abbildungsverzeichnis

Seite 27: Eva Hesse: Katalog Museum Wiesbaden, Wiesbaden 2002, S. 115, 149

Seite 29: Eva Hesse: Katalog Museum Wiesbaden, Wiesbaden 2002, S. 161

Seite 31: Eva Hesse: Sculpture; catalogue raisonné, Bill Barrette (ed.), New York 1989, S. 131, 209

Seite 33: Eva Hesse: Sculpture; catalogue raisonné, Bill Barrette (ed.), New York 1989, S. 223, 235

Seite 35: Eva Hesse: Katalog Museum Wiesbaden, Wiesbaden 2002, S. 248

Seite 38: http://www.moma.org/collection/browse_results.php?criteria=O%3AAD%3AE%3A4108&page_number=3&template_id=1&sort_od er=1

Seite 39: http://ist-socrates.berkeley.edu:7138/gallery/album16/Morris_Robert_Unti_6C7AC

Seite 41: http://www.rosifontana.it/scarica.asp?id=680&tipo=alta&azione=ctr&idev=97; http://www.mocalyon.org/vdl/sections/fr/collection/eposer_la_collectio /robert_morris/?aIndex=1

Seite 47: http://www.toutfait.com/issues/issue_1/News/stoppages.html

Seite 49: http://de.wikipedia.org/wiki/Bild:William_Hogarth_006.jpg

Seite 53: Hans Bellmer: Photographien, München 1983, S. 125, 123

Seite 55: http://www.centrepompidou.fr/Pompidou/Manifs.nsf/0/A90DCCC5AB92A1C5C125706100340212?OpenDocument&sessionM=&L=2&form=

Seite 57: Hans Bellmer: Photographien, München 1983, S. 118

Seite 61: http://www.christojeanneclaude.net/objekte.html; http://www.itconstruct.be

Seite 64: http://www.telegraph.co.uk/news/main.jhtml?xml=/news/2003/02/26/ntate26.xml

Seite 65: http://www.artnet.com/magazineus/features/honigman/honigman1-19-06_detail.asp?picnum=13

Seite 67: http://www.artseensoho.com/Art/DEITCH/parker98/parker4.html; http://www.artseensoho.com/Art/DEITCH/parker98/parker5.html

Seite 71: Peter Weibel (Hg.): Phantom der Lust. Visionen des Masochismus in der Kunst, Band II, München 2003, S. 63

Seite 73: http://neme.org/main/251/suspended-bodies; http://cybercat21.com/

Seite 77: Friedemann Malsch, Christiane Meyer-Stoll (Hg.): Fred Sandback, Ostfildern-Ruit 2006, S. 217, 229

Seite 79: Friedemann Malsch, Christiane Meyer-Stoll (Hg.): Fred Sandback, Ostfildern-Ruit 2006, S. 275, 227

Seite 83: Robert Barry: Some Places to Which We Can Come. Works 1963-1975, Bielefeld 2003, S.61; Jenseits des Bildes, Ausstellungskatalog, Kunsthalle Bielefeld 1987, S. 46

Seite 85: Robert Barry: Some Places to Which We Can Come. Works 1963-1975, Bielefeld 2003, S. 50

Seite 87: http://www.kuodesign.com/klog/1975.html

Seite 89: http://www.kateterry.co.uk

Seite 91: http://www.kateterry.co.uk

Seite 95: http://www.saygelschreiber.de/angela.htm

Seite 97: http://www.berlin-art-info.de/0511/0511_kunstpreiseindeutschland.shtml

Seite 99: http://www.jesuswalk.com/1peter/images/lippi_crucifixion_583x800.jpg

Seite 101: http://www.documenta12.de/d11_06.html?&L=0; Catherine Grenier: Annette Messager, Paris 2001, S. 20

Seite 103: Catherine Grenier: Annette Messager, Paris 2001, S. 148

Seite 105: courtesy Galerie EIGEN + ART Leipzig/Berlin

Seite 109: courtesy Galerie EIGEN + ART Leipzig/Berlin

Seite 110: courtesy Galerie EIGEN + ART Leipzig/Berlin

Seite 111: courtesy Galerie EIGEN + ART Leipzig/Berlin

Seite 115: http://www.kunstverein-duesseldorf.de/cms/index.php?option=com_content&task=view&id=363&Itemid=83

Seite 119: Rosemarie Trockel: Post-Menopause, Köln 2005, S. 31

Seite 121: http://www.artnet.de/magazine/reviews/vonpape/vonpape11-14-05_detail.asp?picnum=2

Seite 125: Katalog Chiharu Shiota: The Way into Silence, Heidelberg 2003, S. 65

Seite 127: Katalog Chiharu Shiota: The Way into Silence, Heidelberg 2003, S. 68

Seite 129: http://www.tate.org.uk/servlet/ViewWork?cgroupid=999999961&workid= 6989&searchid=9204&tabview=image

Seite 131: Katalog Chiharu Shiota: The Way into Silence, Heidelberg 2003, S. 76

Seite 133: http://www.museumsstiftung.de/stiftung/detail.asp?cmd=print&site=stiftung&rubrik=sammlungen&id=6143
Seite 135: http://www.stringraphy.com
Seite 137: http://www.stringraphy.com
Seite 141: Rainer Zerbst: Gaudí, Köln 1993, S. 34